日本を救う!!

ウガンダ国際交流から学ぶ未来を豊かにする指針

「当たり前基準」

100年先を考えるアホ

遠藤友彦

Dodgers
Cougars
14
Tigard

EXAMS
PROGRES
KEEP

70
78
3
5

Kips

Pirates

450

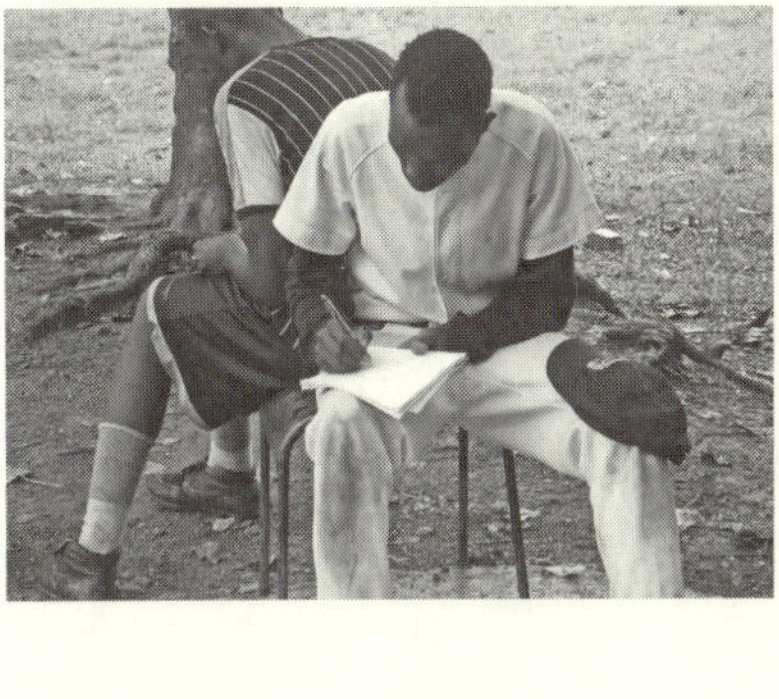

推薦

西田塾　日本アホ会会長　西田　文郎

元気になりたいなら遠藤さんに会うといい。様々な自己啓発トレーニングは世の中にたくさんあるが、やっぱり元気人の遠藤さんに会うと元気を注入してくれる。
遠藤友彦さんはどんな人なのか。人に尋ねられたら、「本気で真っ直ぐに生きている元気人」と答える。

私は、「西田塾・日本アホ会」なるものを設立し、日本にアホを増殖する活動をしている。世間一般で「アホ」というとマイナスのイメージを持たれると思うが、人として最上級な位として使っている。偉業を達成した人たちに共通していることは、通常では考えられない「アホな夢」を持っていたということだ。発明の人・エジソン、経営の神様・松下幸之助、世界のホンダ・本田宗一郎。大成功を収めた人は、常識人が99％無理だということに対し、「絶対できる」と思える脳を持っていた。根拠がなくても、自分ができると思えば信じて疑わない。過去も現在も、歴史を作っている人は「極上のアホ」ではないだろうか。

全国にアホ会の会員がたくさんいる。アホが集まりお酒を飲むと、語りのほうもいつもヒートアップする。語り合うときに約束事がアホ会にはあるのだ。

「どんなアホみたいな夢でも絶対に否定してはいけない」

ある人は、百五十歳まで生きる世の中を作るという夢を語った。通常なら、「何言ってるの?」となるだろうが、アホ会では「君ならできる」となる。外から見ると変な団体に感じると思うが、プラスの言葉が飛び交い、夢を実現しているアホな人が、多く存在しているのがアホ会だ。

本気でアホになれる人は、世の中にそう多くはいない。居酒屋から日本を元気にするという目的で実施している「居酒屋甲子園」をご存知だろうか。居酒屋てっぺんの大嶋啓介さんが、本気になって暗い世の中を変えようとしている。大嶋さんは、第一回西田塾・日本アホ会全国大会で優勝した生粋のアホである。彼は、夢こそが未来を切り拓くという壮大な世直し運動を展開している。

遠藤さんは、駒大苫小牧高校野球部を甲子園で優勝に導いた、陰の立役者である。もうご存知の方は多いと思う。北海道の雪国からの偉業達成は、日本全国を驚かせ感動の渦に巻き込んだ。大嶋さんの居酒屋甲子園と遠藤さんの甲子園、フィールドは違うが目指しているものは一緒である。日本を感動によって動かそうとしていることに大きな違いはない。

その遠藤さんから、ウガンダと北海道の国際交流の話を聞いた。真っ直ぐな目で、「百年後の日本を変える」と言い切った。当然、アホ会会長の私としては彼の夢を否定することはできない。「遠藤さん、あなたアホですね！」と言ったのを覚えている。「アホと言っていただいて恐縮です」。極上のアホだ。詳細を聞くと、発展途上国の子供たちから先進国の日本人が学ぶコンセプト。正直、驚いた。常識人からはなかなかでない発想だと感じた。彼の熱意を持って話す姿に「大成功」を確信した。思いが人を動かし、結局世の中も動かしていく。

遠藤さんの思いに共感したアホな人たちも、アホオーラ全開でサポートしている。北海道の凄さを感じたのは、この事業に支援した方々の多さである。民間企業約70社あまりが参画したと聞いた。個人的にも多数の方が関わった。未来のために支援する土壌が、北海道で構築されてきていると感じた。

他喜力

他喜力とは文字通り、他人を喜ばす力。他人に対して労力を惜しまず、喜ぶ姿を見たい一心で動く本気の力だ。現在大きく成功している人に、共通して備わっているのは「他喜力」。他喜力を発揮してこそ飛躍的な成果がある。この他喜力という言葉が、近未来の大きな合言葉になってくるに違いない。かなりの規模で行われた国際交流は、一年も満たないわずか数ヶ月で成し遂げられた。遠藤さんの他喜力ぶりには驚かされた。

読者のみなさんも、この本を読み終わった時、遠藤さんのアホぶりを感じられると思う。この本が世の中の多くの方に読まれ、当たり前基準がひとりひとり向上すれば、明るい未来が訪れるだろう。これからも北海道のアホ代表の遠藤さんを応援していきたい。

西田文郎　公式サイト　http://www.nishida-fumio.com

目次

序章

エントモの心に火をつけた、志人「小田島裕二」という男

～出会い、交流、ウガンダへ、再会の誓い～

それは、私が前職にて講演活動をし始めたある時の出来事だった。講演後、ひとりの中学教師という男性がおもむろに私に質問をした。

「野球部の監督をしていますが、どうもうまくいかない。自分の思ったとおりに選手がやってくれない。どうすればいいのでしょうか?」と。

どうやら中学で生徒指導も兼ねながら野球部の顧問をやっているらしい。毎日試行錯誤で選手に伝えているが、様々な問題が噴出し、うまくいかない状況下での質問だった。野球の勝負にも勝てず、生徒は荒れていく。その藁《わら》にも縋《すが》る思いでした質問に対し、

「それは、あなたが本気でないからです!」

私は、そう短く強く言い放った。初対面の男にである。彼が必死で子供たちをプラスの方向に引き寄せようと考えているのは理解した。しかし、正面から本気

でぶつからないと真の「導き」はできない。私は彼の短い質問の中から、彼の思いや本気度を敏感に感じ取った。そして冷たく言い放ったのである。

その質問をした男こそ、「小田島裕一」だった。

その後、私はその会社を退職し、無謀にも「野球塾」なるものを立ち上げた。同時に「指導者塾」（現在の秘密塾）を始めようと企画した。講座初日、多数の指導者が集まると楽観視していたが、参加したのはわずか二人。しかし、志の高い熱血な二人ならスタートとしては充分だった。ここから北海道の野球界が大きく変わると確信した。

最初の一歩は小さいかも知れないが、一歩を踏み出すことが重要なのである。北海道では前例のない野球指導者塾に対し、二人が動いたのである。

そのひとりが「彼」だったのだ。

そこから、私と小田島さんの本気の交流が始まる。講座内では様々な質問が飛び交う。

本気スイッチが入っている者同士、野球の指導以前の人間育成の部分で、語り合うことも多かった。

「どうしたら子供をうまく導けるのか」
「どんな指導者になれば選手がついてくるのか」

私が教えるのは、ただひとつ。

「あなたが見本になって下さい！」と。

その教えを彼は愚直なまでに実行した。そして本気で正面から選手にぶつかり、自分のチームを見事立て直していった。口でとやかく言うよりも、自分の行動を見直し、少しずつ子供たちを変化させていったのである。チームが軌道に乗りかけたある日、私のところに来て突然こう言った。

「教師を辞めて、海外に行きます」
「えっ？ 本当？ 海外で野球を教えに行く？ 教師を辞めて？ だ、大丈夫なの？」
「大丈夫です。長年の夢でした。本気で世界に挑戦してきたいと思います」

彼は数ヵ月後、アフリカのウガンダに行くことになった。彼から、生徒の前で「なぜウガンダに行くのか」を熱く語っているDVDを渡された。その中で、「夢を追わない者に、夢は語れない」という印象的な言葉があった。彼は、夢を生徒に語るうちに自分の夢を考えるようになり、本当に挑戦したい夢を自分が実現しようと立ち上がったのだ。涙を流しながら生徒に語る姿に感動した。

……気づくと涙が溢れていた。

ここまで自分の夢に正直に挑戦しようとする男が目の前にいる。安定したものを捨てて、棘《いばら》の道へ進もうとしている。衝撃的だった。安定した企業を退職し、自分で会社を立ち上げ困難の道を選んだ私の行動とオーバーラップした。送別会の席、参加した方々が、「2年の任期中にウガンダに行きたいね」と言っていた。私は、本気になって真っ直ぐ突き進むこの男の行く末が気になった。

彼は、熱い志を胸に、赤道直下の国、ウガンダへと飛び立っていった。

第1章

志が、人を心を動かす

～メール・ブログで綴る「ウガンダ国際交流」実現への道のり～

※この章はエントモ↕小田島さんとのメールのやりとり、
およびエントモブログを編集・加筆し、まとめたものです。
エントモブログ　http://plaza.rakuten.co.jp/gaj27endou/

STEP 1
夢のはじまり

2006年 夏

2006年7月14日（金）

メール：小田島→エントモ

Subject：ありがとうございます

ウガンダに来て2週間がたちました。アフリカ、赤道直下というイメージとは程遠く、涼しく過ごしやすい天候です。首都カンパラは都会なので、ビルやレストランもあり、ものも何でも揃います。人とゴミが多いので町は汚いのですが、エネルギーを感じます。野球の方ですが、この前大会があるというので早速見てきました。9時に開始ということでしたが、時間通り来たのは2人しかいません。準備をして、相手を待って、結局はじめたのは12時くらいとなりました。1試合30分という、まるでプロレスのようなルールで、私は計測係をやりました。大抵が荒れた試合で、1回の表裏で終了でした。やはり大人がしっかりすることが大切だと感じました。今回は挨拶しただけですが、楽しみが増えました。今日はボークをめぐりもめていたので、説明をしました。野球の普及のためにウガンダ人と夢を追いかけます。応援よろしくお願いいたします。

2006年10月23日（月）
メール：**小田島→エントモ**
Subject：**ジェントルマンへの道**

日本から届いた、早稲田実業と駒大苫小牧の試合のDVDを選手に見せたら感動していました。田中君や斉藤君の投げ方を見てびっくりしていました。観衆の多さにプレミアのサッカーみたいと言っていました。
駒苫がバットを丁寧に置く姿や審判の後ろを通る姿を説明したら、すぐ真似をしています。それが面白いです。やはり、勝ちたい、うまくなりたいと思っていると自分のスタイルは簡単に変えられるのですね。彼らのそういうところをいつも尊敬しているのだと練習の終わりに話しています。自分の習慣を変えるのは本当に難しいですから。ゴミを道端に捨てていたものが、拾う立場になり、服装をただし、部室をきれいにし、道具を手入れするようになりました。少しずつですが、この変化が楽しいです。

理念はずばり、「ジェントルマンになる」です。一流の人間というよい英語がなかったので、紳士にしました。なぜか、合言葉になっています。選手同士でも「お前の態度はジェントルマンではない」とか言い合っています。次なる手は読書作戦です。野球部文庫を設立して、成功哲学を広めます。一ヶ月の活動で、彼らにとっては未知のものをどんどん導入しています。とまどいもあるかと思いますが、野球の師匠遠藤さん、教師の師匠原田隆史先生から学んだすべてをウガンダで出し切りたいと思っています。よき生徒に恵まれ、感謝です。本を見るのも楽しみです。今は人生の中で一番まじめに1日を送っています。

2006年12月22日（金）

メール：小田島→エントモ

Subject：ありがとうございます

少しずつ私の考えと彼らの考えが近づいてきている感があります。やはり、掃除の姿は人間を表します。10時からスタートのところ、9時40分に来て本を読むものが増えています。今日から2週間の休暇に入りますが、本を読みたい、キャッチボールがしたい、ティーバッティングをしたいと言ってきました。道具、本を貸し出しましたが、意欲がでてきています。

アフリカも日本も人間は同じですね。ただ日本人は、世界でも稀な良き習慣を持っている点で優れています。エントモさんの塾でやった、「こうしたら絶対に負ける」ということをここの人たちは習慣としていますから。

このように、うまくスタートできたのは、エントモさんから学んだことが大きいです。本当に感謝です。私も、コツコツとエントモイズム、ウガンダ野球に注入していきます。

機会があればウガンダに来てください。日本がいかに恵まれているかということと、なぜ日本が素晴らしい国なのかということを実感するでしょう。そして日本人として自分がどう生きていかねばならないのか、考えるはずです。日本人に生まれてきたからには、自分のためだけではなく、人のため、他国のためにも働いていかねばならないと知るでしょう。
お金で買えないものがウガンダにはあります。是非来てください。

2007年2月24日（土）

メール：**小田島→エントモ**
Subject：**活動ＤＶＤ送ります**

日本より遠藤さんが送られた文房具が届きました。ありがとうございます。
今、野球部で毎朝校内清掃を行っています。その輪を一般の生徒に広げたいと思っています。そこでボランティアをつのり、1週間連続6時から7時まで参加した人に文房具を配りたいと考えております。イメージは朝のラジオ体操で、はんこをカードに押す形をとりたいです。学校のために頑張った人、時間を守り1週間それを続けられた人に、日本からいただいた大切な贈り物をプレゼントしたいと考えております。

「一番苦労した人が一番得をする」、この精神をボランティア活動の中で、理解して欲しいです。そのうち、物ではなくて、気持ち良さで続ける人が増えることがいいですね。そのためにも野球部だけはやり続けたいです。

PS・ウガンダ選手のDVDを送ります。すべてがうまくいっている訳ではありませんが、ありのままの活動を送ります。

ウガンダからＤＶＤ到着。
感動！そしてエントモの心が動いた！

2007年2月27日（火）

メール：エントモ→小田島

Subjec：暖冬の立役者の遠藤です

お元気でしょうか。私はいつでも熱血です。冬でも熱血です。北海道は暖冬ですが、その原因は私です（笑）

さて冗談はさておき、ウガンダで活躍してますね！素晴らしいです。

北海道の誇りです！

ＤＶＤが先日到着し、拝見いたしました。最初の感想……

「すごっ！」

小田島イズムですね。かなり食い入るように見ました。そして感動しました。

どの国の人でも「人」、人間なら一緒なのですね。痛感致しました！

また、実際に小田島さんが行動している姿を見て、ひとりでモティベーション上げています。

今、ウガンダに行こうと計画中です。私も現実に動ける有言実行人間への大きな一歩です。そこで、ウガンダにて野球クリニックや、講演はできますか。小田島さんを通訳に任命します（笑）ウガンダにエントモイズムを置いてこられればと思います。現地での観光はいりません。すべて野球に費やして結構です。

2007年3月7日（水）

メール：**小田島→エントモ**

Subject：**最高嬉しいです**

本当ですか？嬉しすぎます。お忙しいところ、しかもこのように遠いところまで。

遠藤さんの行動力には驚かされます。感謝しています。講演、クリニックはばっちり可能だと思います。野球協会の方に相談します。また、日本人対象の講演会ですが、ぜひこちらからお願いしたいくらいです。エントモ理論がアフリカの野球を変える。すばらしいですね。日程が正式に決まったらご連絡ください。こちらも動きます。

STEP 2

ウガンダ渡航（1回目）

エントモ、ウガンダに降り立つ。

■ ウガンダ滞在日記その1 ■

ウガンダは、東アフリカに位置し赤道直下の国。巨大な湖、ビクトリア湖に接していて、ナイル川の源流がある。国自体は約1200Mの高地にあるので、年平均気温は22℃と過ごしやすい。人口約2800万人で、首都はカンパラ。肥沃な大地で、食べ物には困らない。主食は、バナナをペースト状にしたマトケ。米もあるがロングライスで美味とはいえない。イギリスの植民地だったので、現在の公用語は英語。

〈2007年4月24日（火）・25日（水）〉

名古屋空港から22時間かけてアフリカ・ウガンダへ。ウガンダの玄関口「エンテベ」

に到着し、空港で小田島さんと満面の笑みで再会。ウガンダで対面するとは。彼との強い「縁」を感じる。

ホテルに到着し、小田島さんと今までの活動について話すが、エントモの体力は限界。ギブアップで早めの就寝。

積もる話は明日に持ち越し。

〈2007年4月26日（木）〉

今日はチャンボコ大学にて野球クリニック。

中学生と高校生を中心に、大人も混じる。

やはりコミュニケーションのスタートはキャッチボール。万国共通だ。英語を話すのは苦手なので、最初はジェスチャーを交える。なんちゃって英語でも伝わっているようだ。駒苫の練習を交え、エントモ野球塾のやり方で楽しくレッスン。

最後に「また来てね」と言われた。「約束して」と迫られた。

「See You Again」。

〈2007年4月27日（金）〉

今日は「セントノアセカンダリーハイスクール」野球クリニックの日。

朝5時半に学校に到着すると、なんと子供たちが自主的にゴミ拾い。

学校内の敷地で清掃する場所を各自で見つけて、拾っているようだ。

野球部の部室を見た。道具がきれいに並んでいる。ものを大切にする心が手に取るように分かる。読書の習慣があるのか、本が並べられている。凄い！

夕方にクリニック開始。

最初は黙って彼らの動きを見た。すると、駒苫の練習を真似てやっている。

香田イズムとエントモイズムを、ウガンダの子供たちが実践している。

休み時間に質問をしてくるウガンダ野球少年。

「田中将大のスライダーはどう投げるのですか?」の質問には驚いた。彼らは、小田島さんから昨年の甲子園大会のＤＶＤを全員で見て研究している。どうやら、プロ級の変化球に興味深々らしい。

クリニック終了後に、全員と熱い握手を交わしグラウンドを後にした。

〈2007年4月28日（土）〉
現地で活躍している日本人の方々に講演。日本で実施している渾身のネタを披露。
夢を実現させる方法や、元気になるコツ、未来を見据える目の話をさせてもらった。
若い世代が、輝く目で聞いてくれた。
ウガンダに「志の種」を残せたような気がする。

〈2007年4月29日（日）〉
朝早めに起床し、ナイル川でラフティング。
激流で死にそうになる。生きてて良かった！ありがとう。

〈2007年4月30日（月）〉
フェニックス社の社長、柏田雄一さんを訪問。
柏田さんは、ウガンダで40年来衣料メーカーの会社を経営している。
その柏田さんから見て、今の日本は危機的状況に映るらしい。

「もったいない心」「躾」ともに忘れられているという。

テクノロジーは、アフリカより日本が進んでいるが、当たり前のことができなくなっていると言い切る。

発展途上のウガンダは、過去の戦後復興時の日本とだぶって見える。

「物はないけど心は豊か」

子供たちの目を見ると一目瞭然。ウガンダの子供たちの目は輝いている。

今の日本の子供たちは、理屈っぽく、目に輝きがない。

すべての子供たちではないが、そういう子供たちが多いのは事実。

ウガンダ滞在最終日に、70歳を越える志士の話を聞けた。

今、発展途上国から日本が学ぶ時が来た。彼らの行動と思想から学ぶのだ。

帰国後、決断をするエントモ。小田島さん、ありがとう。

侍、柏田さん、ありがとうございます。心にスイッチが入りました！


エントモ、帰国の途につく。

STEP 3

ウガンダの少年たちを日本へ呼ぼう！

2007年5月7日（月）

メール：エントモ→小田島

Subject：ジェントルマン小田島さんへ

ジェントルマン小田島さんへ

ウガンダではお世話になりました。事前の準備と滞在期間の尽力、ありがとうございます。

この滞在は、個人的に大きな心の揺れと、今後の大きな礎になると確信します。

「行って良かった」

帰国後、本当に思います。やはり現地に行かなくては分からない部分が多いことに気づきました。と、同時にこれからも「動く」と決めました。
小田島さんの行動に敬服するとともに、ウガンダの子供たちとチャレンジする姿には最敬礼です。
最終日に食事をしながら「ウガンダ選手団を北海道に呼ぶ」計画を話しましたが、実現に向け、志動します。絶対に呼びますので、これからも熱血で活躍して下さい！

2007年5月7日（月）

メール：**小田島→エントモ**
Subject：**感謝です！**

感謝です。遠藤さんのような伝える側の人が、ウガンダに来ることは本当に素晴らしいことだと感じました。そして、ウガンダの人々と触れ合ったからこそ、わかる日本国、日本人のよさがあると思います。貴重な時間を削り、ウガンダに来ていただき感謝です。日本訪問の件、本当にありがとうございます。私の出来ることがあれば何でも言って下さい。ウガンダからも発信していきます。遠藤さんの訪問で、私もやる気に火がつきました。私も全力で事にあたります。

ウガンダの子供たちに、「人々に夢を与えるために、人々の夢を叶えるために働く人間こそジェントルマン」と伝えています。普通のウガンダ人には遠藤さんの行動は理解できないと思います。しかし、彼らは理解するでしょう。日頃から仕事はお金のためだけじゃなく、人を喜ばせるためにやると言っていました。そのモデルが遠藤さんです。ありがとうございます。感謝します。

STEP 4

実行委員会発足＆星澤先生渡ウ決意！

2007年5月10日（木）

メール：エントモ→小田島

Subject：星澤先生が吠える！

現実に向け、全力で動いています。様々な人の知恵を借りて進んでいます。

実行委員会が立ち上がり、アイディアが湧き出ています。

二十数名の方々の前でウガンダ報告会をしました。映像や写真を見て感動した様子でした。その中で、星澤幸子先生に、小田島さんが書いていた目標計画表を見てもらいました。驚くことに「年末ウガンダ訪問」の話が飛び出しました。小田島さんの本気に、日本で志人が大集合し始めています。何か見えないものに動かされているような気さえします。

実現に向けて最大限の努力をします。

2007年5月17日（木）

メール：小田島→エントモ

Subject：Re：星澤先生が吠える！

ありがとうございます。遠藤さんの行動力には頭が下がります。

星澤先生の件ですが、最善を尽くし感謝の心を持ちながら、受け入れ態勢を整えます。

ウガンダにとっては、先生の訪問はまたとない大チャンスです。多くの方々に支援されて活動できていることを感じます。私がウガンダに来たのは、自分に足りなかった「感謝の気持ち」を知ることでは、と思います。

ウガンダ国際交流実行委員会の方々に、よろしくお伝え下さい。素晴らしい子供たちを日本で見てもらえるように頑張ります！

STEP 5
コンセプト「当たり前基準」の誕生

2007年9月2日（日）

メール：エントモ→小田島

Subject：当たり前基準

最近あったことをお話しします。

この週末に、奈良飛鳥にて青年塾の講座が開かれました。ご存知のとおり、青年塾は松下政経塾の塾頭をされていた上甲晃さんの私塾です。今から約1300年前に権力が集中していた飛鳥。その地を歩き、様々なことを考え、思い、経験して参りました。そこで学んだことを少々……

「自分が生きている間に結果が見れないものに対し、熱意を持ってどのくらい人のために何かできるかどうか。そのことに対し、どのくらい自分のお金と時間が割けるかどうか」。

自分のことなら、いくらでも贅沢するしお金も使えます。けど、人のために、子孫のために、自分がどれだけ何かできるかどうか。自分がその結果を見れなくても、今動けるかどうか。そんな生き方を考え、再確認しました。

今、取り組んでいる「ウガンダ国際交流」はまさにこれです。目先の効果じゃなく、日本の未来を考え、そして行動する。私財を投下し、労力を最大限に使い、「志ある行動」をいかにできるか。飛鳥で長い歴史を感じると、自分が生きている数十年の短い期間に、後世に何が残せるか考えさせられます。「自分さえよければそれでいい」が蔓延する世の中で、自問自答できた旅でもありました。

さて、ウガンダ国際交流に向けて、「当たり前基準」という言葉を作りました。次の十項目について、それぞれが考え、ウガンダ人から学ぶスタイルです。

～あなたの「当たり前基準」は何ですか～

・自分から挨拶していますか？
・「ありがとう」って言えますか？
・素直に「ごめんなさい」って言えますか？
・時間を守れますか？
・人の話を聞けますか？
・人をほめてあげられますか？
・思いやりを持って人と接していますか？
・目の前のゴミを拾えますか？
・整理整頓できていますか？
・あなたは夢を持っていますか？

これを日本の人々が自問自答し、当たり前基準を向上させ、百年後の日本の未来へバトンタッチしていく。これがウガンダと北海道が国際交流をする目的です。

遠大なミッションの一歩目として実施致します！

STEP 6

小田島さんがウガンダにて再点火！

2007年9月25日（火）

【ブログ】：人のために動く

人生の中でこれだけ「人のために」動いたことはない。

自分のためだけに動くことは、人生の中で多々あった。

でも、本気で真剣に熱意を持って他人のために動くことがあっただろうか。

言葉では簡単に言える「人のために」。でも、行動に移すのは難しい。

仕事の時間を割いて動く。

優先順位を一番上において取り組む。

なぜだ？なぜここまで動けるのか……

自分への挑戦でもある。
本気で人のためにどれだけ行動できるか？「本気で」である。
頭を捻り、同志と共に考え邁進する。この先に何があるのか？
分からない。このミッションを終えないと分からないに違いない。

徳を積む。

いかにして、人のために奉仕し、短い人生の中で徳を積めるか。
自分への挑戦であり、彼らの、周囲の、たくさんの人の喜ぶ顔が見たい。
難しく考えず、風の吹くままに、その風に乗り、皆に賛同してもらう。
すべての携わった方々から「素晴らしかった！」の声が聞きたい。

人のために本気で行動すると何が起きるのだろう。

何も起きないかもしれない。でもワクワクする。ドキドキする。
人生ツキまくっている自分は、これからもミラクルが起きるに違いない。
すべての人にありがとう！

人には「使命」「役割」があると最近感じる。
それに気づく人、気づかない人、目覚めて動く人、動いて目覚める人。
何か大きな力に動かされて、必然的に事を成す。
必然的に「縁」が結ばれ、太くなり、ステップアップする。

人生は面白い！

2007年10月1日（月）

メール：小田島→エントモ

Subject：いつもありがとうございます！ウガンダより

いつもありがとうございます。

9月25日のエントモブログを読み、私自身、熱い気持ちになりました。

そして、昨日ブログを英訳したものを選手に読ませせました。

真剣に読む姿があり、その後感謝の手紙を書きました。

自分たちのために、一生懸命やっていただける日本人がいること、私たちはそれに対して「責任」と「自覚」を持ち、しっかりと生きていかなければならないと思っています。

先週、日本大使館にも行き、募金をいただきました。「夢に向かい努力する姿」は、感動を呼ぶということを実感しました。応援してくれる人々に勇気をもらいました。

理屈でなく、どれだけ真剣にやれるかが、私の今後の人生を決めると思います。

これほど素敵な体験に参加させていただき本当に感謝しております。

私は、世界一幸せな協力隊員です。選手に言いました。

「今、遠藤さんは何でこんなに一生懸命やれるのか。遠藤さんは、その理由はわからないと言っている。でも、この交流を通して君たちの中から、30年後にウガンダ大統領が出たら凄いことじゃないか。そして、遠藤さんの会社がウガンダにあったって良いんじゃないか。ゴーアヘッド・ウガンダとか。でも誰がそこで働く？サボる奴、掃除できない奴、やる気のない奴、時間を守らない奴は働けないぞ。するとアイザックが手を上げました。『働きます』と。良い会社を作るには『良い人間』が必要だ。君たちが良い人間なら、夢・チャンスは無限に広がる。君たちがジェントルマンなら、ジェントルマンを育てることができる。それがウガンダを良くすることだ。そのためにも、今を大切にしなければいけない！」

夢がどんどん広がります。子供たちが大きく変化してきています。

今日は、朝4時半前に全員集合しました。態度が違います。スイッチが入りました。

選手とともに素敵な夢を実現できることを嬉しく思います。

いつもありがとうございます。遠藤さんの2回目のウガンダ訪問、心待ちにしております。ウガンダ人全員が遠藤さんの行動力に驚いております。

STEP 7

ウガンダ渡航（2回目）

再びウガンダの地にエントモが足を踏み入れる。

■ ウガンダ滞在記その2 ■

小田島さんの何気ない電話からエントモの再訪問が決まる。ウガンダナショナル野球チームへの支援と、セントノアの子供たちに会うために。どんな形で国際交流ができるのか、今一度ウガンダの地で考える……

〈2007年10月29日（月）〉

エンテベ空港に着くと、真っ黒い笑顔が待ち構えていた。

長距離移動の疲れが吹っ飛ぶ。

首都に移動しナイルビールを飲む。

〈2007年10月30日（火）〉

セントノアの学校へと移動し、今日は全校生徒1200名の前でスピーチ。英語のスピーチだが、ウケを狙い「ありがとう」の言葉を現地語でやることに。

「ウェバレ、ニョン」

全校生徒が大笑い。「よっしゃ！」。1200人のウガンダ人の前で話すことはそうない。片言の英語でも通じるものである。要は「ハート」か。きれいな言葉で伝えるより、ハートで伝える。大切な何かを知った瞬間だった。

夕方より食事歓迎会が行われた。授業そっちのけで、生徒だけで食事を作った。どうやら校長先生の指示らしい（笑）笑えるプレゼントを貰った。サイの刺繍入りのシャツ。小田島さんが首を傾げている。どうやらウガンダにはサイがいないようである（笑）

〈2007年10月31日（水）〉

初めて渡航した4月の時よりも、早くに学校に行った。時間は朝4時過ぎ。

すると驚く光景に出会った。多くの子供たちがゴミ拾いをしていた。野球部だけじゃない。一般の生徒も早起きして拾っていたのだ。

彼らはゴミ拾いを「ＬＵＣＫ（幸運）拾い」という。毎日続けるゴミ拾いを嫌なことと思っていない。素晴らしい考え方だ。

夕方、野球クリニックを実施。半年前と大きく違う点に気づく。

「声と元気」

子供たちは、腹の底から大きな声を出している。練習前に「ミッション」を唱和し、これからやる練習の目的を全員で確認する。同年代の駒苫選手と比べると、テクニックは天と地の差がある。でも、練習中の声は、いい勝負だ。練習内容は、駒苫にそっくり。やろうとしている終着点はみえる。

「変わったな」

終了後に、エントモが感じたままをウガンダの子供たちに話した。すると自信に満ち溢れた表情になったのが印象的だった。

〈2007年11月1日（木）〉

今日は、カバーリングの練習。仲間が失敗した時に、カバーしてあげるのが「カバーリング」。野球競技の中で、「人のために」する代表的なプレー。紙に書き記しながら、図解で説明する。形になってきた。テクニックだけじゃなく「心」も伝える。ウガンダの国は、人の失敗をカバーする概念に乏しい国。彼らも数ヶ月前は、失敗をなじり合う姿が目立った。でも、徐々に小田島さんが「相手を思う気持ち」を植え付けていく。失敗した選手は「ごめん」、周囲の選手は「OK、OK」と背中を押す。

素晴らしい時間が流れた。

〈2007年11月2日（金）〉
今日は、エイズ孤児の小学校を訪問。両親が亡くなって、子供だけが残される。暗くしているのかと思いきや、元気一杯明るく生きている。たくましい子供の笑顔から学ぶことができた。

明日は、セントノア滞在最終日。まさか、あのような事件が起きるなんて。この事件が彼らを大きく変えていくことに……

〈2007年11月3日（土）〉
もう慣れてきた3時半起床。す、すると外は大雨だった。アフリカのスコールは激しい。どうやらアフリカの雨粒は、日本の雨粒よりかなり大きいらしい。だからバケツをひっくり返したような雨。なんとかセントノアの学校に到着。ここで事件が！

「子供たちが来ていない」

小田島さんの顔が変わる。数十分遅れて、子供たちが揃った。小田島さんは、子供たちと教室で話し合った。あえて私は、その教室には入らなかった。教室から小田島さんが出てきた。

「エントモさん、ラッキーなことに子供たちが遅刻しました。彼らが失敗するのは百日に一回程度です。その彼らが、エントモさんが滞在するたった3日間に失敗をしました。これはチャンスです。少し子供たちの前で話して下さい！」

意外な言葉だった。しかし、失敗した時のプラス思考は、成功者が備えているもの。このチャンスに私は3つのことについて話した。

・続けることの難しさ
・失敗後の行動で、真価が問われる
・日本に行くためにゴミを拾っているのか。小田島さんがいるからやっているのか

彼らは日本行きが決まり、毎日のゴミ拾いが本来の目的のために（ジェントルマンに近づくために）ではなく、「日本人ため」「日本に行くため」になっていないか。そのことを彼らに問いただした。

子供たちの表情が一変した。毎日同じことを繰り返していると、本来の目的・意味を忘れてしまうものだ。日本でも良くあることだ。人は失敗をした時に、変わることが多い。平常時ではなく、有事の時に気づくのだ。

ウガンダにいる日本人二人は、失敗に感謝した。再度、子供たちに本気スイッチが入った瞬間だった。

〈2007年11月4日（日）〉

首都に移動してエントモ講演会。ウガンダナショナル野球チームの指導も行う。小田島さんは、ナショナルチームの監督もしている。日本に来るセントノアの子供たちは、三人だけナショナルチームに入っている。駒苫野球を目指している小田島さんの教え子は、今後ナショナルチームの大半を占めるようになるに違いない。ナショナルチーム指導中に、地元テレビの取材を偶然受けた。なんと、ウガンダ全土に19時のトップニュースで流れた。凄いことだ！でも、どのくらいの人がテレビを持っているのか疑問である（笑）

その後、小田島さんと国際交流の打ち合わせを入念に行い、伝えるべきことや伝える方法を確認し、数日後、帰国の途につく。

2007年11月5日（月）

メール：小田島→エントモ

Subject：お元気様です感謝！ウガンダより

お元気様です。ウガンダ再訪問ありがとうございます。

おかげさまで楽しく学ばせていただきました。遠藤さんの言うように、元気のある人がいると元気になりますね。遠藤さんの指導の下で動くセントノア選手の姿に、驚き、感動しました。やはり、やり方、そしてカリスマ性が違います（笑）ナショナルチームも同様でした。先週、ジェントルマンになれば必ずジェントルマンがお前たちの夢を叶える手助けをしてくれる、と話したばかりでした。駒苫精神をアフリカ大会で発揮できれば、十分にチャンスがあると言いました。そんなときの遠藤さんの訪問は絶好のチャンスでした。

今回のタイミングはまたも絶妙で、ＴＶ取材、ナショナルチーム、セントノア選手の遅刻など、最高のタイミングでした。ツイていました（笑）

特に彼らの遅刻には感謝しております。実は遠藤さんにお話をいただける機会があればと思っていたからです。あのミスは最高でした。そして、「日本人のためにではなく、自分のために成長しなさい」。

私たちにとって、これほど嬉しい言葉はありませんでした。

私自身、私どものために協力している方々のために、選手を向上させようと必死になっている部分がありました。選手も当然そうだと考えており、余裕がなくなっていた面があります。

何のためにというところがぼやけていたところ、遠藤さんのお言葉は、何かほっとさせられるものがありました。あの雨に感謝です。

遠藤さんの今回の訪問に「ありがとうございます」です。

すべてのことが絶妙のタイミングで起こり、一歩前に進むことができました。成功するべく事が運んでいることが実感できました。これから2ヶ月、しっかりとした準備をし、成功の味を準備の時に味わいたいです。ありがとうございます。

STEP 8

ラストスパート！トラブル続出!!届くかチケット？

2008年1月11日（金）
メール：エントモ→小田島
Subject：ウルトラ技

旅行会社より連絡がありました。パスポート発行が遅れている関係で発券ができずに、様々な問題が噴出しているようです。

航空券はギリギリで発券されそうですが、小田島さんの手元に届ける手段に苦慮しております。ウガンダへ渡航する予定がある人を見つけてくれますか。最悪、日本からの渡航者へチケットを持参してもらうウルトラ技を使いたいと考えています。

でも大丈夫です。私はツイてます。運がいいので何とかなります。

2008年1月7日（月）

メール：小田島→エントモ

Subject：Re：ウルトラ技

最後の一人のパスポートが取得できました。ウガンダは戸籍制度がないのでパスポート取得もかなり困難です。数ヶ月前から動いていたのに、簡単にいかないとは、日本との違いに驚かせられます。

ウガンダへ来る人を偶然見つけました。19日にウガンダに入国する人です。首都圏に住んでいますので、その方へ発券後、速達でお渡し下さい。時間がなくギリギリですが、うまくリレーできれば不可能じゃありません。

スリル満点、ピンチの時こそ楽しみましょう！

2008年1月15日（火）
メール：エントモ↓小田島
Subject：発券

旅行会社がチケットを発券しました。首都圏の方に早速郵送しました。予定外にチケット料金が高くつきましたが、渡航実現優先なので仕方がありません。マイナスをプラスに転じたいと思います。何百万もするチケットを持参してもらう恐怖感はありますが、天が味方してくれるでしょう。奇跡のチケット運搬を祈ります……

2008年1月19日（土）
メール：小田島↓エントモ
Subject：チケット着きました！ウガンダ

チケット着きました！！ありがとうございます。感謝です！！！

2008年1月21日（月）――――――――――――

メール：エントモ→小田島

Subject：Re：チケット着きました！ウガンダ

奇跡のチケット運搬大作戦（笑）大成功ですね。最高です。ツイてます。

交流が終了した後の笑い話になるネタですね。着く前は、笑えませんでしたが。

さて、一難去って、また一難です。

ウガンダ選手団が日本に到着する日、北海道が大雪になる予定です。

飛行機が到着するまで油断ができません。油断しなくても天候は人間の力ではどうにもなりません（笑）

現在、最高の交流ができるように、関係各所と連携を取っています。一番の不安点は、集客です。素晴らしい内容でも、足を運んでくれる人が少なければ本来の目的が達成できません。全員が120％の動きをしてくれております。

最終コーナーでたくさんの試練が与えられています。仲間がひとつになって結束していることが、有難く感じます。

ここにきて数々の温かい支援をいただいています。北海道東海大学野球部からユニフォーム、岩田地崎建設株式会社からの野球道具、社会人クラブチームからのグラブ、北海道日本ハムファイターズからのジャンバーなど。

北海道一丸となってウガンダ選手団を迎えます。ご期待下さい！

PS・新千歳空港にて防寒着を渡します。温泉に入るので、子供たちに入り方をレクチャーしておいて下さい（笑）

2008年1月22日（火）

【ブログ】：24日ウガンダご一行様、北海道へ！

念願のウガンダの子供たちが北海道にやって来る。企画してから九ヶ月、24日木曜日の夜遅くに新千歳に到着する予定だ。6日間の夢の交流の始まり、ワクワクする。

ここまで来るのに、山あり谷あり、谷ばかり……。でも志高い人たちが集まり大きな山や谷を乗り越えてきた。素晴らしい「縁」に恵まれ、一歩一歩着実に進んだ。一番の難関は資金集め。東京で褌になり交流資金を集めたりもした。理屈じゃなく、思いで賛同してくれる人たち。凄いの一言に尽きる。

最終コーナーを回り、神様から試練の連続。試練が仲間を引きつけ、結束へと導いた。ありがたい、試練よありがとう。

そして……

この木曜日、24日にウガンダからの訪問団が来る。雪を見たことのない子供たちが北海道に。スペシャルなイベントも2日間予定し、素晴らしい内容に仕上がった。

周囲の方々に感謝である。多くの人たちに見て欲しい、感じて欲しい。大人も子供も、みんなで学ぶ時間があってもいい。未来への挑戦が今始まる。最高のおもてなしができるように、準備は彼らが到着する直前まで続く。

人間の器を大きくしてくれるウガンダ・北海道国際交流。本当にありがとう。

2008年1月24日（木）

そして彼らは、北海道にやって来た！

第2章

あなたの「当たり前基準」は何ですか？

〜ウガンダの子供たちから学ぶ、本当の“豊かさ”とは〜

どこかおかしい今の日本

私は仕事柄、全国を飛び回り、様々な人たちに話をさせていただいています。最近では、教育現場で話すことも多くなりました。小学校の道徳の授業、中学・高校の全校生徒の前、そしてＰＴＡの方々や、現場の先生方に話す機会に恵まれています。夢を持ちづらい世の中だとは思いますが、どうやら子供たちの心境に大きな変化があるようです。頑張っても無理、だから夢を持つことが無意味に感じる。そんな最初から諦めている子供たちが多く存在します。一番近しい大人たちが、どんよりしていて、毎日口ずさむ言葉が「忙しい」「大変だ」「やってられない」。その姿を間近に見て、子供たちは自然に夢を持つことを放棄しているようです。どの時代もそうですが、子供は親の背中を見て育ちます。元気がなく不平不満を口にし、マイナス思考の大人から今の子供たちは学んでいるのです。

講演後に、話を聞いて驚くことが頻繁にあります。「えっ?」と思われるでしょうが、本当にあった話です。ある小学校のPTAで講演会に招かれ、先生から聞いた現場の声です。その日は天気も良く、朝の時間帯では雨が降ることなど予想もつかなかった日でした。夕方の下校時間になると、あいにく雨が降ってきました。ひどい雨じゃなかったので、子供は雨に濡れながらも帰宅しました。帰宅後、お母さんが学校に怒鳴り込んできました。「うちの子供が風邪を引いて、肺炎にでもなったらどう責任を取ってくれるのか」。そのお母さんに対し、先生は何もいい返すことができないと……。

理解に苦しみます。私はこう思います。濡れて帰れば翌日の朝、天気が気になることでしょう。テレビで天気予報を見て、傘を持っていくのかいかないのか自分で判断するはずです。人は失敗から学び、行動が変わる動物です。育てるということを理解していない人が多いようです。また一番の問題は、その親に反論できない先生です。

本来のあるべき姿を指導できない伝える側に、未来への大きな不安を感じます。

私が専門としている野球の世界でも同じような現象が数多く見られます。自分の子供がなぜ試合に出られないのか、という親が多くいるのです。試合に出ることだけが学びと勘違いし、その過程を見ていない人たち。確かに野球の試合は十数名の選手で、試合を終えることが多いです。しかし、すべての選手に役割があり、参加の仕方があるのです。声を出し、試合に出ている選手の背中を押してあげる人。自分を押し殺し我慢をしてチームに貢献する人。試合に出なくてもこれからの人生で必要なことを、野球というスポーツを通して学んでいるのです。残念ながら過程を評価してあげられない大人は多くいます。

指導者もそうです。試合に勝ち進みチームが強くなってくると言動が横暴になり、最初は子供たちのために始めたことが、時間が経てば「自分のため」になっている人が多く見受けられます。金銭面で様々な問題を起こしていくなど、本来は子供のためにやっていることなのに、本末転倒な方向に進む話もよく聞きます。父母も指導者に不要な気を遣い、いつの日か人間関係もおかしな方向に行ったりしています。指導方法も、自分の指導方法が一番であるという慢心から、周囲からの聞く耳を閉ざし、「あの指導者の指導方法は……」とか「あれじゃだめだよな」とか、周囲に対してマイナスの言葉を発する人がいます。自分の保身を第一に考え、子供たちの学ぶチャンスを剥奪する指導者もいます。指導者は指導者たる前に、人間としてどうあるべきなのかを考えることが肝要です。

親交のある駒大苫小牧高校野球部元監督の香田氏は、会う度によく私に言う言葉があります。

「未だに野球が分からない。だから勉強するのです」

と言い切ります。あれだけの成果を残しても、「なおもっと」の考え方、学ぶ姿勢には頭が下がります。選手を第一に考える指導者は、周囲を見渡すと意外に少ないのには驚かされます。大人が次世代の子供たちに、大きな影響を与えるのです。

自分優先主義

戦後間もない日本は、国の建て直しのため様々な苦労がありました。兄弟も多い時代で、物資が乏しく満足に食べることもできないことが続きました。この苦難とも言える復興期には、近隣の繋がりや助け合いの精神が自然に芽生え、笑顔が溢れて人情味豊かな毎日だったと聞きます。ピンチから様々なことを学んだ先人たち。本来のあるべき姿を今の私たちに語りかけてくれているようです。

食べ物に関してはどうだったのでしょうか。「もったいない心」が当たり前で、お米ひと粒でさえ粗末にしないことが普通でした。お米ができるまでの長い時間、作っている人の苦労や手間ひまを考えると、茶碗に残っているひと粒のお米にも「ありがたい」の気持ちが湧いたものです。残念ながら現在の日本は残飯王国です。

食べること以外にも、祖父や祖母から「よそ様にご迷惑をかけることだけはよしなさい」と言われた記憶が残ります。自分優先ではなく、他人に対しての気配り・

目配り・心配りといった思いやりの心が強かったと思います。

今の日本はどのような世の中になっているのでしょうか。残念ながら現代の人たちは、「自分優先主義」になっています。他人のことなど無関心で、「自分さえよければそれでいい」という考え方の人が増えています。将来に対してのゴミ問題、地球温暖化、いじめや自殺、他人の誹謗中傷、言葉の暴力など、多岐に渡り大きな問題を未来に残しています。すべての問題の根底は、自分勝手な気持ちが原因です。では、自分優先社会になると、どのような世の中になるのでしょうか。住みづらく殺伐とした暗い社会になることでしょう。

自分優先の例を、身近なところでいくつか挙げてみましょう。運動会は子供たちが楽しみにしている行事です。当然、教育の現場ですから学校敷地内は禁煙になっています。少しの時間を我慢できずに、「自分が吸いたいから煙草を吸う」といった大人が見られます。規則を無視し、自分が良ければそれで満足という自己中心型人間が増えています。ＰＴＡ関係者がその人を注意すると、逆ギレして口論になってしまう。そういった大人を見て、子供はどう感じているのでしょうか。

普通では考えられない苦情を吐き散らす、「モンスターペアレンツ」が最近の社会問題として取り上げられています。その方々には、通常の当たり前が通用しません。そんな常識のない大人の影響からか、子供たちの意識も大きく変化してきています。物事に取り組む前に、自分にとって有益なのかを考え、無益だと取り組まない子供たちが増えています。やる前に、「これをやって何の意味があるの？」という貧しい考え方です。「流汗悟道」という言葉がありますが、先人は一見意味がないと思えることでも一生懸命に取り組み、汗を流し、そのことに「意味」を持たせました。例えば、続ける心、我慢する心、終わった時の達成感や満足感。やりきってみて、初めて気づくこともあることでしょう。やる前に意味を求め、納得しなければ動かないのではなく、すべてのことに意味があると思い行動することが大切なのです。自分に対して有益無益を先に考える心は、非常に世の中を殺伐とさせていると思います。物が豊かに溢れ自分勝手な心を持つ世の中に、昔の志の復活を求めるのは無理があるのでしょうか。

気づくことが最大の教育

当たり前基準は、育った環境によって様々です。人それぞれレベルの違いがあっても、少しでもその基準を上げていくことができれば、未来への明るい贈り物になっていくと確信します。他人から頭ごなしに、「やれ」と言われたことに対して、人は心の中で拒否反応を示します。自分が納得しないでやる行動は、結局身に付かないことが多いものです。素晴らしく物事を続けるためには、自分で考え気づくことが鉄則です。

私がウガンダへ野球の勉強に行った時、偶然「気づく」特効薬に出会いました。日本ではなかなか出会えなかった「気づきの種」を、発展途上国のアフリカで見つけたのです。初めてウガンダを訪問した時、同志の小田島さんが到着するや否や私に言いました。「朝5時半にセントノア学校に来てほしい」と。朝早かったので少々テンションが下がり気味で、私は現地に向かいました。現地の5時半は夜明け前で真っ暗です。日本みたいに街灯などはありません。最初は暗くて何が起こっているのか分かりませんでした。徐々に目が慣れてくると、真っ暗な学校でひたむきにゴミを拾っているウガンダ野球部員がいました。正直驚きました。

真っ暗な学校で雨の日も風の日もゴミを拾っている中高校生。小田島さんに聞きました。「強制的に、ゴミを拾わせているのですか？」、答えは「ＮＯ」でした。赴任当初、小田島さんは汚い環境に自ら奮起しました。自ら早起きしてゴミ拾いをしたのです。周囲のウガンダ少年たちはこの日本人の行動に疑問を感じ、彼に拾う意味を聞きました。

「目の前にゴミが散乱していたら、君たちは気持ちが悪くならないのか。俺は不快になる。だから拾うだけだ」

ゴミを拾う習慣のない文化で育った彼らは、目の前のゴミに気づかない。視界に入っていても気づかない。そんな彼らが小田島さんの言葉で気づき、行動を起こし始めたのです。私がウガンダに訪問した時には、野球部全員が学校敷地内のゴミを拾い続けて二百日を過ぎた頃でした。続けることにより彼らの心に大きな変化が起きました。

自ら気づき行動を起こし、それを続けることで各人の当たり前基準を高め、周囲の人たちに影響を与え、自分たちの学校を変えていったのです。「当たり前のことを素晴らしくやり続ける」素晴らしい光景に遭遇したのです。

これは凄い！求めていたモデルが目の前にある！

彼らの行動や考え方に、今後の日本の未来がかかっているかもしれない。ウガンダの地で確信しました。日本から遠く離れたアフリカの地に、日本の未来を良くする見本があったのです。この出会いは偶然ではないような気がします。私の目の前へ必然的に現れたような運命を感じます。

本物の本気から学ぶ

真の学びは、どのような条件の時に得られるのでしょうか。実際に本物といわれている本気人に触れ、同じ空間にいると不思議に勇気や元気が湧いて、本気スイッチが入ります。「百聞は一見にしかず」という言葉がありますが、過酷な条件下でチャレンジしているウガンダジェントルマンから、私は現地でたくさんの気づきを貰いました。

彼らの行動を見て、私は当たり前基準という目安を作りました。まずは、当たり前基準の向上を考える前に、自分の現在地を知ることが大切です。十個の当たり前基準について、あなたとともに考えていきたいと思います。まずは、今現在の当たり前基準をチェック表に書き記し、現状把握をしてみましょう。ありのままの自分を書き込みましょう。

これがあなたの当たり前基準向上の第一歩となります。

当たり前基準チェックシート

今の状況を正直に10点満点で自己採点し、下段にその理由を書きます。

一、自分から挨拶していますか？

1	2	3	4	5	6	7	8	9	10

その理由

一、「ありがとう」って言えますか？

1	2	3	4	5	6	7	8	9	10

その理由

一、素直に「ごめんなさい」って言えますか？

1	2	3	4	5	6	7	8	9	10

その理由

一、時間を守れますか？

1	2	3	4	5	6	7	8	9	10

その理由

一、人の話を聞けますか？

1	2	3	4	5	6	7	8	9	10

その理由

一、人をほめてあげられますか？

1	2	3	4	5	6	7	8	9	10

その理由

一、思いやりをもって人と接していますか？

1	2	3	4	5	6	7	8	9	10

その理由

一、目の前のゴミを拾えますか？

1	2	3	4	5	6	7	8	9	10

その理由

一、整理整頓できてますか？

1	2	3	4	5	6	7	8	9	10

その理由

一、あなたは夢を持っていますか？

1	2	3	4	5	6	7	8	9	10

その理由

当たり前基準

十ヶ条

一、自分から挨拶していますか？

一見簡単に思える挨拶ですが、その仕方によって相手を失望させることもできるし、相手を感動させることもできます。相手の方が年下だったり、立場が下だったりすると「相手が先に挨拶することが当たり前」と思ってしまうものです。また相手から言われて初めて気づき、挨拶することもあることでしょう。そもそも挨拶というものは、どのような効果があるのでしょうか。挨拶をすると自分が心地良くなり、清々しくなります。挨拶をされた人も同じような気持ちになることでしょう。挨拶というものは、とても人間関係を良くするものなのです。

自分から笑顔で、大きな声で、元気良くする挨拶

相手がするしないではなく、自分から元気に声を張ってすることが当たり前基準の高い挨拶です。地位や名誉、年齢が高くなると、途端に挨拶をしなくなる人がいます。

真の成功者は「礼節」を兼ね備えています。「売り上げが素晴らしいけど鼻につく奴」「スポーツの技術は凄いけど挨拶ができない」と、他人から評価されるようでは寂しすぎます。誰にでもできる挨拶を素晴らしくやることで、自分を高めることができるのです。

例えば、学校に行く時、会社に行く時に近所の方々に挨拶を自分からしてみて下さい。最初は相手の人が面食らうでしょう。しかし続けるのです。ここでひるんではいけません。翌日、また大きな声で自分から笑顔で挨拶をするのです。二日目になると小さ

な声で、相手も挨拶をしてくれるかもしれません。さすがに三日目になると、相手はあなたのことを気にします。何日も続けると、逆に相手から挨拶してくれるかもしれません。受動的ではなく、主体的に発信する挨拶。世の中に、自分から元気に笑顔で挨拶しようとする人が増えれば、明るく元気な社会になることでしょう。

スポーツの世界では指導者の人が選手に対し、「挨拶をしなさい」「声を出しなさい」ということは当たり前になっています。私の少年野球時代も同じようなことを言われて育ちました。しかし、なぜそうするのかを伝えられる人は少ないと思います。そんなの常識だろ、当たり前だろという伝え方の人が多いようです。言われなくてもできるように、習慣化するまでには、本人が意味を理解し自分からやろうとする心が必要です。

鏡の法則をご存知でしょうか。自分の表情が相手に映し出されるのです。笑顔で挨拶をすると、相手も和やかな笑顔が生まれるでしょう。その反対に、厳しい顔で挨拶したり、形式的に嫌々挨拶するとその気持ちが相手に伝わり、相手の表情も無意識にマイナスの表情になります。目の前にいる人の表情が曇っているのであれば、どうか自分の表情を確認して下さい。すると意外に目の前の人と同じ表情をしていたりするものです。

世の中を元気にする挨拶。それは、自分から大きな声・笑顔でする挨拶です。そんな当たり前基準の高い挨拶が、たくさんの人に浸透すると百年後の未来も明るくなるのではないでしょうか。さぁ今日から、今から、やってみませんか?

一、「ありがとう」って言えますか？

日本の言葉で一番パワーがあり、素晴らしい言葉「ありがとう」。自分で何かができた時や、人から助けられた時でも、日本人はありがとうという言葉を恥ずかしがり、使わなくなっています。素直な気持ちを持って、「ありがとうございます」を発することに抵抗を持って使わない人は、損をしていると思います。

ありがとうという言葉には不思議な力があります。ありがとうをたくさん使うと、物事がうまくいったり、人間関係がうまくいったり、プラスの方向に自然に導かれていきます。ありがとうを呪文のように唱えると、今までツキがなかった人が、急にツキだすから面白いものです。

五十代の男性の例です。私がブログでありがとうの話を紹介しました。その数週間後、東北にお住まいの男性からメールがきました。

「恥ずかしい話ですが、私には中学二年生の娘がいます。髪の毛は茶髪にして、悪い言葉を使います。本当に親の力不足で俗にいう不良少女です。一度外出すると連絡なしに何日も帰ってきません。もう何年も娘とまともな会話をしておりません」

負の状況にある中で、私のブログからあることを決意します。今までは、娘に「社会的におかしいからやめなさい」とか、「恥ずかしいからやめなさい」と事あるごとに話していたのですが、反発して一向に直そうとしない。逆に、言えば言うほどひどくなっていったそうです。半ば諦めて、父親は娘に注意するのをやめたそうです。その後父親がしたことは、家庭の中で「ありがとう」の言葉をとにかく使うことにしたそうです。当たり前のように出てくる食事に対しても「ありがとう」。新聞を持ってきてくれる奥さんに「ありがとう」。今まで表現することのなかったことに対しても感謝の念を持ちつつ、口に出すことにしたのです。するとどうでしょう、不良少女に変化が出てきたというのです。

「子供に対してとやかく言うのをやめて、家庭の中でありがとうの言葉を使い出すと、娘から驚きの言葉が出ました。『お父さん、最近よくありがとうって使うね』とボソッと口にしたのです。何年もクソじじいと言っていた娘が、『お父さん』と言ってくれたのです。うれしくて涙が出てきました」

大きな一歩だと思います。子供が気づき無意識に行動に出たのです。反抗期の年齢にどのような接し方をするか悩んでいる人も多いと思います。自分が変わることにより、相手にも変化が出てくる一例だと思います。まだまだ時間はかかると思いますが、ありがとうという言葉がプラスの方向に、今後も導いてくれると思います。

プラスの言葉を意識して使うとどのようになるのでしょうか。それも、プラスの言葉の最高峰の「ありがとうございます」をたくさん使うと周囲が一変します。前向きな明るい人が集い、和やかな空気が生まれ笑顔に包まれます。

株式会社イエローハットで相談役をされている鍵山秀三郎さんは、足し算人生・引き算人生のお話をされています。常に「ないない思考」で行動する引き算人生は、貧しい考え方であると言われています。

あれもない、これもないでは不平不満が出るだけというのです。足し算人生は違います。すべてのことに感謝する心があるのならば、これもある、あれもある、だから今ありがたいと、足し算にものを考えていくのです。感謝の気持ちを日本語で素直に表現すると「ありがとう」です。

駒大苫小牧高校野球部の選手からも、北海道で考えられなかった甲子園大会の全国優勝を成し遂げた後に、たくさんの「ありがとう」を聞くことができました。感謝する心が強ければ強いほど、幸運が近づいてきます。人生は自分だけの力で成り立つものではありません。たくさんの祖先から伝達されて今の命があります。たくさんの人に支えられていることに感謝し、ありがとうの心を持ち続けられる人に、私もなりたいと思います。

一、素直に「ごめんなさい」って言えますか？

ありがとうという言葉もなかなか使えない人が多くいますが、ありがとうの次に使っていないのが「ごめんなさい」ではないでしょうか。失敗のない人生は考えられません。大成功している人でも、様々な失敗を繰り返して今の成功があります。誰しもが通る道なのです。成功している時に、その事柄を受け止める人は多いですが、逆に失敗を受け入れられない人がいます。できなかったことの言い訳、他人のせいにすること、周囲の環境のせいにする人が多くいるのではないでしょうか。負の結果が出たときに、「自分の責任」という考え方ができずに、他責にすることは前進のない考え方です。

経営の神様、松下幸之助翁はご自身の経験から、様々な人生の教訓を示してくれています。うまくいっても、うまくいかなくても、素直な気持ちが必要だと言われております。素直な気持ちで、「認める」（受け入れる）ということが人生を豊かにしていくというのです。

私の野球人生の中で、「ごめんなさい」という言葉は少なかったと思います。自分のミスを他人に転嫁して、受け入れなかったことがしばしばありました。当然、そういった時には周囲からの目も冷たく、プレーも良い方向にいく訳がありません。チーム内でも素直な心がなければ、様々な弊害を生み出すのです。仲間に対して厳しく、自分に対して甘くなると、悪いことばかり起きます。現役時代を振り返ると「素直に謝っていれば」とつくづく思います。ビジネスの世界でも同じだと思います。失敗は誰にでもあることですが、嘘を繰り返して良からぬ方向にいったことを経験した方も多いはずです。昨今世間を賑わしている「偽装問題」も、問題が大きくなる前にストップできるチャンスは、事例によってはあったと思います。ですが、ごまかしの精神が横行している世の中で、歯止めがかけられなかった悪しき例です。

一番の弊害は嘘をつくと「潜在的に自分のことを信用できなくなる」ということです。これは怖いことです。誰しも他人のことはよく見えますが、自分の内面になるとわかりづらいものです。自分をコントロールできずに、自然に偽りの心を持つようになることこそ一番の弊害なのです。自分のことを信用できない人が増えれば、社会は間違いなくマイナスの方向にいくことになるでしょう。

失敗は成功のもと

失敗をプラスに受け止め、次のステップに進められるように、「ごめんなさい」を素直に表現し、正しい歩みをしましょう。失敗はあくまでも経験でしかありません。失敗をプラスに転じるのです。すべての出来事に対し言い訳をせず、素直な心で誠意をみせることがジェントルマンへの近道だと思います。

一、時間を守れますか？

時間にルーズな人はたくさんいます。自分が待たされるのは頭にくるのに、自分が人を待たすことに抵抗がないという人もいます。どんな関係においても、待たせる行為は許されるものではありません。近しい間柄だから、夫婦だから、親子の関係だから、身近な関係なほどしっかり時間を守れる人間にならなくてはならないと思います。

何度も何度も約束の時間に遅れて来る人がいたとします。すると、集合時間前でも「どうせ今日も遅れて来るのだろ」と言われているものです。遅れてもいないうちに、呆れられているのですからたまりません。自分のいない時に、マイナスの言葉が飛び交っているのは寂しいことです。

では、全く逆の場合はどうなのでしょうか。いつも約束時間に遅れない人がいるとしましょう。集合時間に絶対に遅れない人です。

例えば百回待ち合わせに遅れなく到着し、百一回目に遅れたとします。すると待っている人は、どんなことを話しているものでしょうか。「いつも遅れないのにどうしたのだろうか。何か大きな事故に巻き込まれたのではないだろうか」などと心配してくれることでしょう。私は、信用のない人間より、人から信頼される人になりたいと思います。

時間を守るということを実践する時に、必要なことが何点かあります。その一つが計画性です。重要度が低い予定に対しては、計画を入念に立てない方が多いようです。重要度によって左右されるようでは、「絶対に遅れないジェントルマン」にはなれません。

常に守ってこそ真の信用が得られるのです。

例えば、会社の出勤時間が8時半だとします。遅れていく人はいないと思います。出勤時間が決まると必然的に計画を立てます。前の日に起床時間を決めて、行動時間を決めます。何分で顔を洗い歯を磨く、食事は何時までに食べて、新聞を読む時間は……、交通機関の時間は……、など計画を立てると思います。すべてのことに対し、時間を意識することは大切です。常に遅れる人は、時間計画が曖昧でうまくいってないと思います。

身近なこと以外でも、時間は大切なキーワードになります。大きな枠で考えると、自分の人生についての時間計画を立てているでしょうか。目先のことで精一杯になっていると、計画性に乏しくなります。計画性がないと、せっかくの努力も途中で投げ出し、終着点が大きくぶれてくることでしょう。これは問題です。大きな目標への道には、数々の駅があると思います。その駅まで行くのに時間を決めているでしょうか。ここまで上り詰めるのは○○年、次の駅までは○○年。時間を決めることによって、人は工夫し行動するものです。人生の時間は有限です。この世で与えられた時間を有効に使うためには、人生の中で「時間を守る」ということが大きな鍵となります。

時間に支配される人生は息苦しくなります。逆に、自分が時間を支配するようになれば、今と違う人生が切り拓かれることと思います。まずは身近なことに対し、「徹底して」時間を守れる人になりましょう。

一、人の話を聞けますか？

聞くという行為は簡単なようで、実は非常に難しいと思います。なぜならば、自分の考えていることや思いが、そっくり無意識に聞く姿勢に表れるからです。何気ない表情や動作、目に表れます。嫌な話で聞きたくないと思えば、椅子の背もたれに背中がつき、正面じゃなく横を向いてしまうものです。相手の話に集中できていない時には、周囲にある物を触りながら聞いたりします。その動作がひどくなると、話している人が「話を本当に聞いてくれているのかな」と思うことでしょう。

私はお笑いが大好きで、大阪に行く用事があれば難波にある「なんばグランド花月」へ足を運びます。普段テレビで活躍している芸人の方々の漫才を見て、大笑いすることが大好きです。舞台だけでなく、自宅でもテレビを通してお笑いを見ます。正月にいつものごとく、自宅のこたつでみかんを食べながら、何となくお笑い番組を見ていました。すると花月の舞台で見た芸人さんが、同じネタを披露していました。この前の花月の舞台で見た時には大笑いしていたのに、自宅のテレビの前ではクスクス程度しか笑えなかったのです。その後、また大阪に行く機会に恵まれ、花月の舞台に足を運びました。また同じ芸人さんが登場し、ネタは偶然一緒だったのです。しかし次の瞬間、自分に驚きました。ゲラゲラ大声を出して笑っているのです。同じ芸人の同じネタを三回聞いて、なぜ私が笑えるのでしょうか。私は気づきました。

自分の聞く姿勢が違うだけ

最初は、会場にいる笑い袋に入ったオバ様たちの、笑い声につられて笑っていると思っていました。環境によって笑っていたと思っていたのです。全く環境の要素がないとは言い切れませんが、一番私の笑いを左右したものは周囲の環境ではありませんでした。それは自分の「意識の違い」だったのです。自宅で正月番組を見ている時は、チャンネルをお笑い番組に合わせて「何となく」見ています。特別大笑いしたいとは思っていません。でも、大阪の舞台に行っている時には、飛行機を早め高い入場料金を払ってまでも「笑いたくて」足を運んでいるのです。明らかに自分の姿勢が大きく違うのです。自分が笑いたい（聞きたい）と思うのは、主体的ということです。何となく（どっちでもいい）は受動的ということです。同じ時間を過ごしていても、その違いはみなさんもうお分かりだと思います。

すべてのことは、自分の姿勢によって大きく変わります。自分が聞きたいと思えば、積極的姿勢で聞くことになるでしょう。私が全国で実施する講演会でも同じようなことがいえます。自分を少しでも変えて未来を明るくしたいと思う人は、私の話に対し前のめりになって聞いてくれます。少しのヒントも聞き逃さないという姿勢です。でも、友人知人から、会社の上司から行けといわれて会場に嫌々来た人は、聞く姿勢で分かります。講演の前半は、背もたれに背中がついて足組みをした状態で聞いています。座る位置もなるべく後ろに座っているものです。

私が札幌で実施している野球塾では、小学生と中学生の野球少年たちに接します。私は必ず塾生と会話する時には目線の高さを気にします。小学生であれば立膝をついて、同じ目線にしてから会話するようにしています。すると小学生の塾生は、スラスラ話し始めます。身長の高い私が立ちながら話したり聞いたりすると、子供を見下ろす形になります。子供の目線から考えると、見上げることで威圧感を感じ、当然話は弾まなくなります。常に聞く姿勢を考えることは、相手に対して「さあ、話してごらん」という受け入れの態勢ができていることです。年齢じゃなく、地位でもなく、一人の人間として向き合い、しっかり聞いてあげることが大切ではないでしょうか。

聞き上手こそ成功への近道

カウンセリングの世界に身を置き、導く立場なのにうまくいかない人は、患者さんの話を聞く時間よりも話している時間の方が多い、という話を聞いたことがあります。

目の前の病んでいる人に対し、早く直したいという気持ちから我慢できずに慌ててしまうのでしょう。一方、患者さんを良い方向に導くのが上手な人は、自分より患者さんに話をさせる人と聞きます。いわゆる「聞き上手」です。質問の投げかけやテクニックも大切ですが、相手のことを最優先に思って「聞く」という心が大切だと思います。自分のために聞くのか、相手のために聞いてあげるのか、考え方によって大きく言動が変わってきます。

親子の関係においても、聞くことは大切です。何もかも子供の問いに対して結果を返すのではなく、子供に考えさせる聞き方(我慢)が必要な時もあります。何気ない会話の時にも、意識して相手のことを思い聞きたいものです。

一、人をほめてあげられますか？

欠点を見て指摘することは、誰でも得意だと思います。教える立場や、伝える立場にあればマイナスのところについつい目が行くものです。お母さんが中心のＰＴＡ講演会で、「怒り上手な方」といえばたくさんの手が上がります。「褒め上手な方」といえば極少数の方しか手が上がらないのが現状です。どんな関係でも、欠点を指摘し合うことでプラスの方向に行くことは稀です。関係がギクシャクし、ついには関係が冷めることが往々としてあると思います。

人間には必ず、「褒められたい欲求」があります。子供であれば親に褒められたい、社員であれば上司に褒められたい、スポーツ選手であれば指導者の方に褒められたいと思うものです。人間の深層心理、潜在的に誰にでも持っている欲求です。褒められると、どんな反応が人に起きるのでしょうか。表情が明るくなり、元気が漲《みなぎ》り、やる気指数がアップします。やる気指数が高い時に、行動を起こせば結果も必然的にプラスの方向に向かいます。褒めるという視点で周囲を見渡すと、褒め方で「損」をしている場面に遭遇します。

褒めることが下手な人は、良い成果が出た時にだけ褒める傾向があります。行動段階では褒めずに、結果段階で表現しているようです。結果に対して評価し表現することは必要ですが、「やる気指数アップ」の観点からはもったいない褒め方だと考えます。やる気がアップする褒め方は、行動段階の時にたくさんのアクションをします。結果に至るまでに、いくつかのハードル（困難）を飛び越えているはずです。飛び越えた時に何もアクションを起こさないのではなく、どんな小さなハードルでも飛び越えた時に褒めることをお勧めします。その都度やる気がグングン向上し、その人の可能性が開花していきます。何気ないプラスの言葉で人は大きく変わります。自分の力以上のものを発揮することも、褒められたことをきっかけに起こることがしばしばです。

私の野球塾には、数十名の小・中学生の子供たちが学んでいます。野球技術だけではなく、人生に必要な心を学べる場所です。所属しているチームの現状を聞くと首を傾げることが多くあります。個人的感情・一時的感情で怒っている指導者の多さには驚きます。人としての躾の部分は、確かに厳しく伝えなければいけません。しかし、プレーの結果に対しての非難は、ある時には責任のすり替えのような気がします。その時にできないのは、指導力のなさという謙虚な気持ちが希薄なのです。ですから「何でできないんだ！」の声は、私からすると「その日までにその選手に伝え切れていないだけ」と思ってしまいます。罵声を選手に飛ばしているようで、実は自分のダメさ加減を周囲に大声で撒き散らしているとも言い換えられます。私の野球塾では、絶対にマイナスの言葉は使いません。短い時間の中でも、常に「褒める」ことを徹底して行っています。すると例外なく子供は笑顔になり、やる気を持って行動します。褒めると子供が調子にのる、という方もいらっしゃいますが、調子にのって何が悪いのでしょうか。楽しく前向きになり物事に取り組む中で、試行錯誤をしていくことが大切なのです。エントモ野球塾に通っている親御さんは、「元気になって明日からまた野球ができます」と言われます。余程、現場でマイナス言葉のシャワーを浴びせられていることが想像されます。

凄い成果 ＝ 自分が持っている実力×やる気（褒める事によってアップ）

褒めることにより、相手も自分も笑顔で同じ時間を過ごすことができるのなら、絶対にやるべきだと思います。褒め上手になるのです。褒める達人になるためには、相手の「良いところ」を意識して見ようとしなければ、最初はなかなか見つけられないものです。何気ないところから褒めてみることにチャレンジしましょう。例えば「今日の髪型、いい感じですね」「字が綺麗ですね」というように外見や状況を褒めるなど、簡単なことから始めてみましょう。どんな些細なことでも褒められると嫌な顔をする人はいません。褒めることが習慣化すれば、自分も豊かになり明るい人生になります。まずは、自分から褒める達人になってみませんか。

一、思いやりをもって人と接していますか？

私が育った昭和四十年代後半から五十年頃を思い起こすと、近所付き合いが活発に行われていたと思います。調味料でも切れたものなら、隣近所から貸してもらったものです。そのお礼にと余分に作ったおかずをお返しするなど、人情味溢れた世の中でした。

現在のビジネスの世界ではどうでしょうか。周囲への思いやりよりも「自分さえ儲かればそれでいい」という考え方が貧富の差を生み出し、勝ち組という言葉が出てきました。会社というものは、営利組織です。当然儲けることが前提になっていて綺麗事では済まされない現状があります。営利を求める中でも、周囲から認められる会社、そうじゃない会社が存在します。認められない会社の社是では、素晴らしい文言を謳っていながら、絵に描いた餅でしかないことが多いみたいです。社会貢献、地域密着、社員繁栄など。「私の会社は自分たちが儲けるためだけに存在します」とは書いていないものです。しかし、現実は書いているだけで、その内容を真摯に遂行している会社は少ないのではないでしょうか。

言行一致

言っていることとやっていることを一致させることはかなり困難ですが、言っていることに近づけようとする心は大切です。人は、素晴らしい言葉の社是より、実際にやっている行動を見ているものです。

スポーツの世界はどうでしょうか。例えば、技術的に周囲より秀でていて試合に出て活躍すると、周りの仲間への思いやりの心を忘れてしまう人もいます。試合に出るまでにたくさんの方々の支援があったはずです。両親のサポート、詳しくいえば食事を作ってくれたり車で送り迎えしてくれたり、指導者の方々が休日を割いてまで指導してくれているから今がある。辛い時に支えてくれた仲間がいたからこそ、その場に立つことができる。自分だけの力では到底なし得ないはずのことを、勘違いし良からぬ考え方をする人もいます。

支えてくれた人への思いやりの言葉を忘れてはいけないのです。思いやりの言葉で印象的だったのは、駒大苫小牧高校野球部が二連覇した時の主将、林裕也君の言葉です。その年、甲子園準々決勝で強豪徳島代表鳴門工業と対戦しました。序盤から駒苫が劣勢に立たされ、終盤七回まで「六対一」で負けていました。七回裏に駒苫の猛攻が始まり、一挙六点を取って大逆転した試合がありました。林君は主力選手として活躍していました。同じ学年で背番号をもらえずにスタンドでメガホンを持って応援していた選手もいます。試合が終わり宿舎へ帰って来た後に、スタンドで応援していた仲間に声をかけていました。

「スタンドの声に後押しされて体が動いたよ。打たせてもらった、ありがとう！」

実際に出場しているのは林君だけど、スタンドにいる選手の心は一緒になって戦っています。その仲間に対して、思いやりの一言をかける。勝利した後の宿舎で、林君が発した一言に感心し感動したのを覚えています。

どんな立場でどんな状況下でも、「思いやりの心」を持ち続けるような人が、増え続けることを期待してやみません。

一、目の前のゴミを拾えますか？

今後、世界各地でゴミ問題は深刻の一途をたどるでしょう。飛躍的な技術向上により、排出されるゴミも多岐に渡り、単純に土壌へ循環還元されるものは少なくなっています。ゴミのほとんどは、そのまま放置していては無くならずに、永遠に残ってしまうものばかりです。

自分が出したゴミに対して、気にする人は増えていますが、他人が出したゴミには無関心な人が多いと思います。人が捨てた目の前のゴミに対し、行動を起こせる人はどの位いるのでしょうか。「自分が拾っても世の中は変わらない」「なぜ自分が他人のゴミを拾わないといけないのか」、そんな刹那的な考え方の人が増えています。目の前のゴミを、軽く前屈すれば取れるものを、なかなかかがむことのできない人たち。かつての自分もそうでした。恥ずかしい話ですが、拾えないのではなく気づかないのです。

私が一年間学んでいた青年塾というものがあります。上甲晃さんが若者に対し、志を立ててもらおうと思い作った塾です。私は上甲先生の素晴らしい学びを請うために一年間青年塾に通いました。松下イズムを学ぶとともに、人として大切なことを学ぶ時間に恵まれたのです。上甲塾長はこう言われました。

「百万のゴミが落ちていたとして、たくさんのゴミを目の前にしても『自分が拾っても世の中は変わらない』と人は思うでしょう。しかしそれは貧しい考え方です。少なくとも自分が目の前のゴミをひとつ拾えば、九十九万九千九百九十九個になります。百万個全部のゴミを拾うことは不可能だが、百万個のゴミを無くする一歩目となったことには違いありません」

周囲の人に対して拾いなさいではなく、「せめて自分だけは」と思い行動することが、志高い人に近づける一歩目だと言われております。人目を気にして、誰かが見ているから拾うということではなく、自ら世の救いとなるという真摯な気持ちで腰をかがめる。素晴らしく意味のあることと思います。物は豊かになっているのに、反比例して心が貧しくなっているのではないでしょうか。

株式会社イエローハットの鍵山相談役は、トイレ掃除で会社を大きくされたことで有名な方です。会社周辺のゴミ拾いを毎日続けられているそうです。地域の方々との会話が起こり、素晴らしい街づくりに繋がると言われております。ゴミ拾いという行為は誰でもしようと思えばできますが、実際に実践し続けることは大変です。しかし、何日も何年も何十年も続けると、環境が改善されるだけじゃなく、「人として」何か大きなものが得られると思います。何が得られるかは、私はやっている途中なので分かりません。自ら何十年も続けてみて初めて感じられることだと思います。だから、私はそのゴミ拾いを続けることに挑戦したいと思います。「一番苦労したものが一番得をする」、物が豊かになった今こそ、豊かな心に近づけられるように目の前のゴミを拾いたいと思います。百年後、志高い人たちが増えていることを祈ります。

一、整理整頓できてますか？

中学生に講演会でアンケートをとったところ、整理整頓が一番苦手ということが分かりました。例えば自分の部屋、学校の教室など掃除ができていない。どうやら整理整頓が苦手なようです。これは子供に限ってのことではありません。私も偉そうなことは言えませんが、大人の世界でも同様だと思います。会社の机がいつも乱雑になっている人もいることでしょう。家庭でも、子供には「部屋を片付けなさい」と言いながら、掃除の苦手な親もいると思います。

何が原因となってできないのか。どうやら「後回しの気持ち」が整理整頓できない元凶になっているようです。小さいことでも後回しにすると、その乱れは積み重なっていきます。残念ながら一気に片付ける瞬間まで乱雑さは解消されません。整理整頓がされていないと時間のロスが生じます。片付けていれば見つかるはずのものを、探し続けて無駄な時間を費やした経験が誰にでもあると思います。整理整頓がなされていないと仕事効率が落ちて、貴重な時間を失うのです。

子供の部屋も同様です。ひとつのおもちゃを使って、子供は後片付けをしないで次のおもちゃを取り出します。前に使ったおもちゃは忘れ去られたままです。乱雑になるのは当たり前です。うまい表現をする人に出会いました。子供に後回しの気持ちを芽生えさせないために、「おもちゃも生きているの。おもちゃにもお家が決まっているのよ。だから、お家から出て遊んだおもちゃは、お家に帰してあげないとかわいそうだわ」。素晴らしい伝え方だと思いました。すべての物に生命が宿っていると考えるのであれば、感謝の念を持ってお家に帰せられると思います。

さて、整理整頓にはコツがあります。整理整頓をする必要性は理解されたと思います。次は、どうすればそれがしやすくなるのかを考えましょう。まずは時間的余裕を持つことが大切です。苦手な方にアンケートを取ると、片付ける時間がないといわれます。時間に余裕を持ち、計画する段階で片付ける時間を設けることが大切です。計画がなく、するべきことに集中しすぎると、後片付けの時間を忘れてしまいます。片付け時間を捻出しましょう。

心の状態と整理整頓は比例する

会社が乱雑になっている人は、社長や上司など上に立つものから行動し見本となるのです。口だけで「やれ」ではなく自分から行動し示し、正していくことをお勧めします。部下は言葉よりもあなたの行動を見ております。自戒の念を持ちながら、行動を正していくことが真のリーダーなのかもしれません。鏡のように映し出され、周囲の人が徐々に変わってくることでしょう。

子供の部屋が汚い人も、自分から（親から）徹底して素晴らしく整理整頓をすると良いと思います。子供は汚いことに慣れているのです。綺麗な状態に慣れることができれば、汚いことが居心地悪くなることでしょう。気づくことから行動は変わります。

まずは身の回りから。そう思い、自分の周囲を整理整頓し心を整え日々を暮らす。その先は素晴らしい何かが待っているかもしれません。まずは、先に心を整えて行動（清掃・整理整頓）をする、もしくは行動（清掃・整理整頓）を先にして、後から心を整えるのも良いかと思います。思い立ったら吉日。今すぐ行動に移して下さい。

一、あなたは夢を持っていますか？

夢を持っていない人、持てない人は、何となく毎日を過ごし、不平や不満を抱えているものです。持っている人と持っていない人では、顔色や行動、言動など一目瞭然です。

夢というと大それたことのように思えて、なかなか浮かばないという人が多いと思います。子供の時には、あんなに大きな夢やたくさんの夢があったのに、年齢を重ねると次第に夢が消えていきます。周囲の人たちからも「無理だ」「今の君じゃ難しい」という否定的な言葉を浴びて、自然に考え方が変わり、「今の自分はたいしたことないから無理だ」「そんなことできるわけがない」というように、夢を諦めていく人がほとんどです。

大多数の人たちは夢を諦めますが、ひと握りの人たちは夢を持ち続けます。周囲の否定的な言葉に耳を貸さずに、自分が目指す夢に突き進みます。当然、夢に向けて計画し、努力していきます。困難もつきものですが、やる気を継続させるために、様々な工夫を意識的にしています。

メジャーリーグで活躍しているイチロー選手は幼い時にどうしていたのでしょうか。彼の小学生時代に書いた作文を見たことがあるでしょうか。彼が描いた小学校時代の夢は明確で、大人になった時をはっきりイメージしていました。友達と遊びたいときも、野球の練習に費やしました。彼は遊ぶことを我慢していたようには思えません。彼は自分から好んで練習をしていたように思えます。夢がはっきりすれば、子供でも自分で優先順位を決めて行動する素晴らしい例だと思います。イメージ力（目標設定力）こそ自分を高める原動力になります。

北海道に真紅の優勝旗を二度もたらした駒大苫小牧高校野球部は、信念を貫き通して夢を叶えました。過去に甲子園へ数回出場していたチームでしたが、一勝もすることができなかったのです。未勝利チームが、全国優勝という大きな目標を立てたときに、周囲の反応は冷たいものでした。「何が全国優勝だ。君たちは全国一勝が目標じゃないのか」。彼らは、そんな周囲のモティベーションが下がる言葉に耳を貸しませんでした。彼らは自分たちを信じて、とにかく邁進しました。甲子園大会では数々の強豪校と対戦しましたが、名前負けすることはありませんでした。彼らが毎日重ねてきた厳しい練習への自信もあったと思います。

甲子園の試合では、劣勢からの逆転勝ちが多かった駒苫。近くから彼らを見ていると、絶対に勝てるという脳になっていたと思います。信じて疑わない強い気持ちの出発点には「夢」がありました。香田元監督が、何かしたためるときに必ず書く言葉に、「夢」という文字があります。夢は人を奮い立たせます。あれだけの成果を残した方が燃え尽き症候群（バーンアウト現象）にならないのは、夢がはっきりしているからだと思います。進むべき道が明確な人は、「なおもっとの精神」が芽生えます。

自分を奮い立たせるのが夢

何か目指すものがある人、したいことやりたいことがある人、行き着きたいことがある人は毎日の表情が違います。夢や目標がある人は、毎日が充実しワクワク・ドキドキして輝きます。プラスのオーラを撒き散らし、明るく笑顔がこぼれて、自然に人を引き付けます。

ある60代の経営者の方が言いました。「まだまだやりたいことがあるんだよね」と希望に満ち溢れた笑顔で話されました。本当の老いとは何でしょうか。夢を持ち続け、前のめりになっている人は歳を感じさせません。本当の老いとは夢を持てなくなった瞬間から始まるとつくづく思います。年齢が若くても老いが始まっている人（夢がない人）が世の中に多くいる中、どんな些細な夢でも持ち続けることが大切です。毎日が充実し、できない理由を考えるより、どうすればできるかを考える「プラスの脳」を誰でも持っています。誰にでも持つことができるのが夢。あなたは夢を持っていますか。あなたは夢を諦めていませんか。

第3章

本気が生んだ、感動・感激・感謝

～写真で見るウガンダ野球チーム・北海道滞在記&ウガンダ国際交流～

奇跡、ミラクル続出！彼らはLUCKを持ったジェントルマンだ。

皆さんは、覚えているだろうか。
平成20年1月24日（木）のことを。
そう、その日は日本中が大荒れの天気で、
北海道は猛吹雪だったのだ。各空港では欠航が続出。
その中で関西空港に着陸したのはわずかに一便だけ。
その飛行機に、ウガンダ野球チーム一行が乗っていたのだ。
まさに奇跡！
さらに、関空から千歳空港へ降り立ったのもわずか数便。
その中の一機が彼らの飛行機だった。
まさにミラクル！

彼らはウガンダの学校で、毎朝ゴミを拾っている。
ゴミを「ＬＵＣＫ」だと思い、拾い続けている。
そんな当り前基準を行っていた彼らだからこそ、
こんな奇跡・ミラクルを起こしたと、
私は信じている。

ＬＵＣＫを持ったジェントルマンたち。
彼らが起こした奇跡はこれだけではない。
それは、彼らが行く先々で、
たくさんの感動・感激・感謝の心をもたらし、
私たちに失いかけていた大事な、尊いものを
伝えてくれたことである。

24日

ミラクルボーイが北海道に立つ

・「笑い」でお出迎え

大雪の中、交流実行委員会の面々が、私の車で札幌から新千歳空港に向かいました。

この交流の中心となって奮闘してくれた斉藤さん、大植さんがにこやかに「大丈夫、大丈夫。飛行機降りるよ」と言っていました。しかし、夕方よりほとんどの便が大雪のために欠航。高速道路も道南方面はストップ。北海道の交通状態が麻痺しかけていました。ツイている人たちは口を揃えて「俺がツイているから大丈夫！」と言い切ります。旭川空港、函館空港への着陸も考えられ、緊張した面持ちで私は空港に向かいました。夜の21時過ぎ到着の便でしたので、もし空港代替になっていれば、到

着地での宿泊をはじめ様々な手配が出て、パニック状態になることでしょう。

　空港に到着すると、他の便は欠航している中、ウガンダ一行が乗っている便だけが奇跡のランディング。新千歳空港に降りると分かってから、お出迎えの実行委員五名が変装。カラフルなアフロヘアーをかぶり、ウガンダ一行15名を迎え入れました。少々お疲れと緊張の面持ちから、私たちの姿を見て笑いに変わり、素晴らしい出迎えができました。

　空港から北海道の温泉地登別までは約60キロ。先程まで通行止めになっていた高速道路が、天候回復でジャストタイミングで開通しているミラクル。一般道路を通っていればかなりの時間ロスは否めませんでした。ウガンダ人は、幸運と一緒に降り立ったような気がしました。

・日本の文化に初挑戦（浴衣の着方と温泉）

登別の温泉ホテルに到着してから最初に伝えたのは、浴衣の着方。初めて着る日本の和服に戸惑いながら、帯を締めて早速待望の温泉に。ウガンダの国では、お風呂に入る習慣はありません。ホテルに行っても一般家庭でも、湯船はなくシャワーとタライがあるくらいです。お湯でシャワーを浴びる家庭は少なく、ほとんどは水です。

飛行機の到着時間が遅く、23時半を過ぎた頃からの入浴になりました。選手団は、お湯に足を入れると熱くてすぐに足を引っ込めます。徐々に慣れて、大浴場に全員で入り満足している様子。水が貴重なウガンダの国の子供たちは、大量の水を使いながらの温泉をどう感じたのでしょうか。露天風呂に向かいました。すっかり状況になれてリラックスムードとなりました。私たちスタッフが頭にタオルをたた

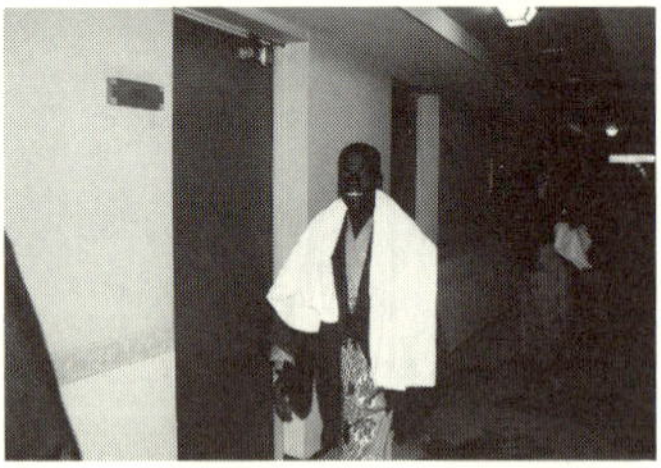

んで置くと、彼らも真似をして面白い光景になりました。お酒を飲んで温泉に入りにきた日本人は、露天風呂に真っ黒な顔をした子供たちがいて少々驚いていました。しかし、お酒が入っているのか積極的にそのウガンダ人しかいない露天風呂に入り、片言の英語でコミュニケーションをとっていました。

お風呂から上がる時に、彼らは何をするのかと思ったら、全員で日本人が乱した桶や椅子を綺麗に並べ始めました。その姿を見て、日本人は驚いている様子でした。彼らは自分たちが使ったものを、整理整頓することは当たり前になっています。しかも、自分以外の人が使ったものでも、整理する心があります。彼らにしては当たり前のことで、特別なことではありません。私は、この光景を見て、日本に失われているものが、彼らの心の中にあることを確信しました。この日から始まった国際交流に心躍らせました。

25日
初体験に心躍らせる

・初めてのバイキング

朝早く起床して、ホテルの窓から外を見て驚いている様子。それもそのはず、昨晩は日本に到着したのが遅かったので、暗くて雪をちゃんと見ていません。朝になって、一面が雪に覆われている雪山とご対面です。選手団で唯一ウガンダ人の大人であるサイモン校長がこの素晴らしい光景を見て、しばらく窓から離れなかったのが印象的でした。

朝食のバイキング会場に到着し、品数の多さに驚いている様子でした。ウガンダは、兄弟が多い国。十名前後の子供たちがいる大家族もたくさんあり、お腹一杯に食べられることが少ないと聞いていました。最初、彼らはお皿に食事を取っていますが、かなり控えめに取っているようです。

心配した小田島さんが声をかけました。どうやら、初めて見る食べ物ばかりなので、慎重になっているようです。試食とも思える一皿目を食べ終えると、二皿目は大盛りでした。元々食欲旺盛な彼らは、日本食をどうやら堪能したようです。食事終了後、食器を一箇所にまとめようと、全員が当たり前に動き始めました。周囲にいる日本人の食べっぱなしと対照的で、お金を支払っている立場でも、相手に対する思いやりや配慮に気づかされました。

・登別明日《あけび》中等教育学校との交流

同じ年代の日本人と交流をしました。2007年に道立として開校された登別明日中等教育学校。開校時にシンガーの大黒摩季さんが、校歌を提供し話題となった学校です。国際交流も積極的に行っており、校長先生の配

慮により実現いたしました。校内の行き届いた施設や、綺麗な校舎にウガンダ選手団は驚きの表情を隠せないようでした。グループに分かれて、日本の生徒と一緒にみたらし団子を作りました。言葉は通じなくても、ジェスチャーなどで意思の疎通を図る子供たち。笑いも所々に起きて、素晴らしい学びの場となりました。作った団子と本格的な日本茶で、文化の違いを感じながら交流を終えました。

帰り際にちょっとしたセレモニーがありました。私の目の前にいた明日中野球部員の背中を押して、中央で話すことを促しました。予期しない状況でも野球部員の彼は戸惑ってましたが、堂々と英語で話しました。ウガンダ・日本の生徒たち、全員が大きな拍手。握手をしたり抱き合ったり、直接触れ合うことで、友情や相互間の気づきがあったように思えました。学校を後にする時に、また

もや彼らの当たり前基準の高さを見ることになりました。借りたスリッパを並べだしたのです。それを見た生徒と先生は、驚きと感動に包まれていました。現地現場のその一瞬から学び、気づき、大きく変わる瞬間だったと思います。本当の教育とは気づくことから始まると再確認しました。

・水族館で目を丸くする

ウガンダの国には海がありません。大きなビクトリア湖は隣接していますが、海がない国なので魚に関して彼らは詳しくありません。ウガンダ市場に出る魚は、おおよそ三~四種類程度です。彼らへのサプライズとして、水族館に連れて行くことにしました。登別マリンパークニクスには、豊富な魚の種類が存在し、アシカやイルカのショーやペンギン歩行などが有名です。会場に着くや

否や水槽に顔を近づけながら微動だにしません。約二時間の時間を施設内で有意義に使っていました。

・生放送テレビ出演

この交流の実行委員会の副会長でもある星澤幸子先生が、ＳＴＶどさんこワイドの中のお料理コーナーに招いてくれました。北海道でも高い視聴率を誇るテレビ局です。彼らは出演を待っている時間に、かなり興奮していました。日本の番組に出演するとは全く思っていなかったようです。待ち時間に、テレビ局の中を見学させてもらいました。北海道各地に設営されているカメラによって、瞬時にしてその土地の様子が分かることに驚いていました。本番では少々緊張の面持ちでしたが、番組内でウガンダ選手団の代表者が、堂々と語っていたのが素晴らしかったと

思います。選手の中には、星澤先生が二分程度で料理を完成させていたことに感動していました。

・北海道の食、ラーメンに挑戦！

札幌テレビ塔の下にある「あっぱれ亭大通店」、店長様の計らいにより、選手全員にラーメンを振舞っていただきました。様々な方々の支援があり、感動・感激・感謝する旅でもあります。約20名の席がウガンダ人で一杯になりました。店の前を通りがかった人は、何事かと驚きの眼差しで見ておりました。北海道の代表的味噌ラーメンを、箸で器用に食してました。中には、熱すぎてなかなか食べれない子もいましたが、全員が「日本のラーメンは美味しい！」と口を揃えておりました。店長ありがとうございます。

26日

本物を見て本気スイッチの入る瞬間

・駒大苫小牧高校野球部との交流

朝早く札幌のホテルを出発し、今日は丸一日野球の交流が行われます。出発時には顔が引き締まり、少々緊張した面持ちの選手団。ウガンダの国で、駒苫の試合を映像を通して毎日学んでいた彼らにとっては、夢のような練習見学です。苫小牧へ移動する一時間半の時間を有意義にと思い、バスの中でウガンダ選手団全員に未来の夢を語ってもらいました。「ウガンダ一番のエンジニアになりたい！」「世界を良くする人間になる！」「小田島コーチのように人に影響を与える人間になりたい！」といった大きな夢が出てきました。目指すものが目の前にある状態で語ることで、夢に拍車がかかったようです。

駒苫に到着し、グラウンドに入る前に全員が一列に整列して、大きな声で挨拶。駒苫の選手は、この大きな声に少々驚いた様子でした。憧れのチームとの出会いに臆することなく、学ぶスイッチが入っているようでした。ベンチの中でチームの練習を見学していましたが、選手がいてもたってもいられずにグラウンドの片隅を走り始めました。彼らの興奮状態は続きましたが、時間が経ち気づいたようです。雪の世界で練習をしていることを。手足が冷え込み、限界に近づいてきた時に、茂木監督の計らいでバックネット裏の部屋で練習を見学することに。その部屋ではポータブルのストーブに、全員が足を重ねあい暖をとっていました。相当寒かったのだと思います。私は、彼らが寒さを忘れて駒苫野球に引き込まれていた姿を見て、学びの原点を感じました。

練習を見学した後に、選手同士の交流がありました。言葉は通じなくても握手をしたり、抱き合ったり、同じ野球人として意気投合しておりました。以前、香田元監督が、「君たちとは遠く離れていても同じ野球人。いつか同じ球を追いかける仲間同士として、会うことができれば最高だ」と言っていたことを思い出しました。彼らにとっては夢の時間。心に火がついた貴重な時間だったことでしょう。

・ミラクルの連続！札幌ドームでの勇姿

場所を札幌ドームに移し、今度は北海道民との本格的な野球交流がありました。この交流の募集をかけたところ、二日間で約千三百名の申込がありました。野球交流の内容から、対応できるのが千名程度だったので、慌て

て募集停止をしたほどでした。

まずは、全員が楽しめるように、札幌ドーム一杯を使ってのサバイバル大運動会を実施。ウルトラクイズ中で「これからウガンダのエースが投げる球は、120キロ以上である。」という設問で○×クイズをやりました。そこで投じた球は、な、なんと120キロぴったりでした。その後、勝ち残った百名で紅白玉入れ大会が盛大に行われました。ウガンダ人と日本人が一緒になって楽しんでいる姿は、見ているスタンドの方々を引きつけました。

北海道日本ハムファイターズのOBの方々が講師をされている「フィールドクラブ」野球教室も行われました。大社オーナーの計らいで実現した野球交流です。小学生から中学生を中心にウガンダ人と一緒に学び、その中には女子野球選手もいました。プロの素晴らしい指導にウ

ガンダ選手も、飛躍的に技術力がアップしたようでした。メインの国際交流試合は、北海道の中学三年生選抜チームと、ウガンダセントノアチームとの試合です。北海道選抜のレベルは、高校野球に進めば即主力選手として活躍できる実力を兼ね備えています。日本選手は、幼い頃から野球を始めて、野球歴が六年から七年の選手がほとんどです。ウガンダ選手は、年齢こそ高校生くらいのなので上ではありますが、野球歴は一年から二年の選手たちです。私がウガンダに最初に渡航した時の2007年4月には、キャッチボールもままならない技術力。その子供たちがこの短期間で小田島さんの指導を受け、駒苫の野球に触れて、どの位上達しているのか興味津々でした。

試合が始まりました。日本の先発投手が投じた一球目は、135キロ。場内がどよめきました。ウガンダ選手は、

こんな速い球を見たのは初めてです。ウガンダの投手は、コントロールに自信が全くありませんでした。その投手が日本で投じた最初の1球目が、ストライク！　野球の神様が彼に降りてきたようです。毎日ゴミを拾い、徳を積んでいる彼らに女神が微笑んでいるようでした。なんと、そこからミラクルが続きます。次々と、未来の日本野球を支えていく選手たちを、三振に切っていきました。場内は驚きと大歓声に包まれ、ウガンダベンチでは東京から駆けつけた在日ウガンダ大使が、喜びのダンスを披露。技術力の違いはあるものの、序盤からウガンダチームはミラクルプレーを連続していました。

プレー以外でも観客を引き付けました。ベンチで出す大きな声、自分の守備位置まで全力疾走で走る姿は、観客を魅了しました。何度も帽子をかぶるのを忘れてポジ

ションまで走り、途中で気づいて引き返す姿が見られました。それもそのはず、彼らは集中すると帽子や靴を脱ぎ出します。ウガンダの国では靴を脱いで野球をしている選手も多くいるのです。何度も何度も帽子を忘れる姿に、場内は温かい歓声と拍手が鳴り響きました。

ミラクルプレーを詳しく紹介しましょう。外野フライの取れない選手に、大きなフライが飛びました。小田島監督が一瞬声を上げましたが、危なげなくキャッチしてアウト。「今まで十回飛んだら、一回程度しか捕球できない選手なのに……」と驚いていました。ひたむきに繰り返していた練習の成果が、札幌の地で花開いたようです。

0対0で迎えた中盤、ウガンダが大ピンチ。ヒットと失策で二死満塁になりました。痛烈な打球がショートを襲います。その打球をミラクル捕球し、難しい体勢から

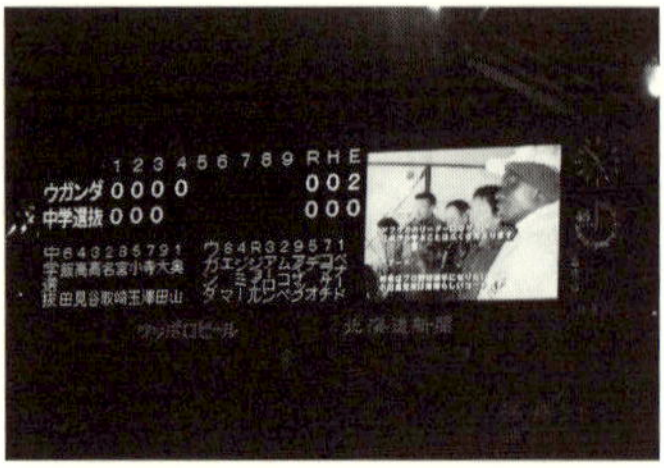

一塁へ送球。一塁手が難しいバウンドを好捕。プロ野球で見られそうなスーパープレーに場内大拍手。野球歴一、二年のアフリカ人が日本人と互角に戦っている姿は、もはやまぐれではありません。

見応えのある試合は、予定時間を越えて試合終了。結果は、四回途中まで試合が行われ、「0対0」の奇跡の引き分け。戦前は圧倒的に北海道選抜が大差で勝つと思われましたが、ウガンダの大健闘で試合は引き分けに終わりました。ウガンダ人のプレーを見て、たくさんの日本人が「忘れかけている姿」を学ぶことができました。球場内で彼らのプレーを見ていた駒苫香田元監督は、

「ウガンダ人の野球に対する姿勢が、本当に勉強になった。試合中に五回ほど涙が出そうになった。子供の頃、初め

てボールを握った感覚や、楽しくボールを追いかけていた過去が蘇りました。言葉ではうまく表現できないけど、日本野球に失われているものを彼らは持っている」

甲子園で修羅場をくぐった彼が、野球の原点を垣間見たようでした。試合終了後、スタンドにいた約千三百人が割れんばかりの大きな拍手を両チームに送りました。

イベントの全行程が終了。ウガンダ選手団とウガンダ大使がスタンドに上り、観客の方々と一緒にゴミ拾いをしました。観客の方々も彼らに温かい言葉をかけながら、素晴らしいゴミ拾いの交流です。札幌ドームから外に出ると大雪でした。雪が、彼らのこれまでの努力を、祝福しているようにも思えました。

・初めてのホームステイ。日本の家庭から日本文化を知る

ウガンダ国際交流実行委員会を中心に、六家族が受け入れてくれました。夕食は、「北海道を代表する石狩鍋」「串カツ」「焼肉食べ放題」などで日本の家族と触れ合いました。食事を終えた後、子供同士で野球盤などのゲームで遊んだり、自国の言葉を教えあったり、ゆっくりとした時間で文化の交流をしたようです。

私の家では、校長先生と三名の選手を受け入れました。最初に校長先生にお風呂を堪能してもらいました。出てきた後を見ると、湯船の栓を抜いておりからっぽに。彼らからするとすべて初めて体験。トイレの流し方、お風呂の入り方、様々な日本の習慣に触れて刺激的だったと思います。逆の立場になって考えると、容易に想像できます。

水の貴重な国に住んでいるウガンダの子供は、驚くほ

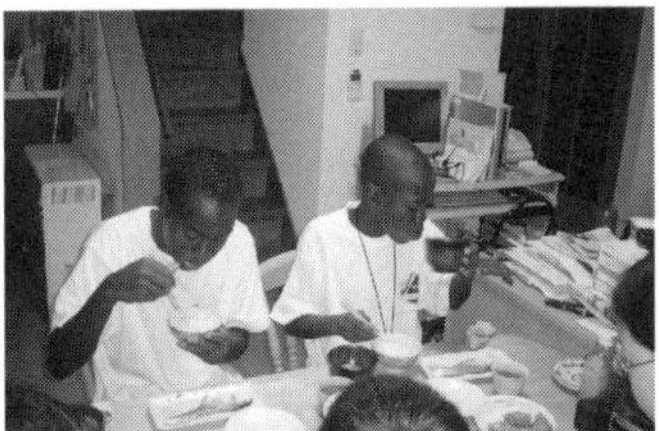

ど少ない水で顔を洗い、歯を磨きます。日本人の無駄に気づかされ、「もったいない心」に触れることができました。

翌日の朝、早起きが身についている彼らは、夜明け前に家の周囲の「雪かき」にチャレンジ。どうやら昨晩のうちに、私の息子と雪かきの約束をしていたようです。ウガンダで朝五時半にゴミを拾うように、同じ時間帯に彼らは「雪かき」をしていたのでした。勤勉な彼ららしい行動です。

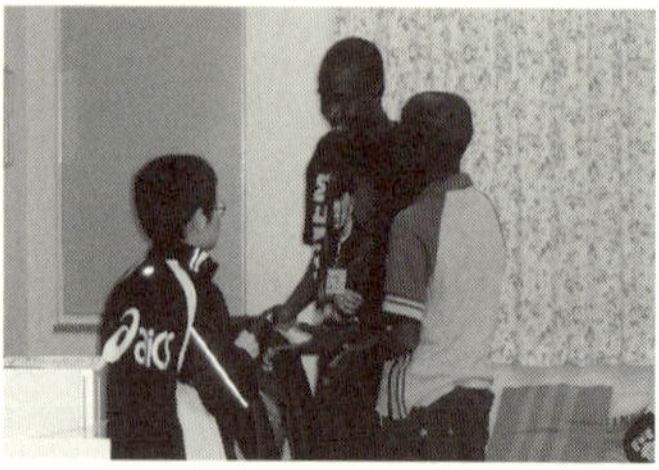

27日

小田島さんの講演で七百名が涙

・日本の文化、北海道の文化を感じる

午前中は、各家庭に分かれて自由行動。地域コミュニティで行われた「餅つき」体験に参加する人、近隣の山にスキー大会の応援に駆けつけた人など、エキサイティングな時間を過ごしました。私は、餅つきグループに参加しました。全員が餅つきを体験したのですが、周囲にいた地域の方々は驚きの表情を隠せないようです。「初めてやる餅つきなのに、何で上手なの？」。

確かに、彼らは慣れた手つきで餅をついています。小田島さんに聞くと、「ウガンダの学校では、寮生の食事を作る時に火を使いますが、薪を準備するのは子供の仕事。彼らは、薪割りが日課になっているからでしょう」。自分た

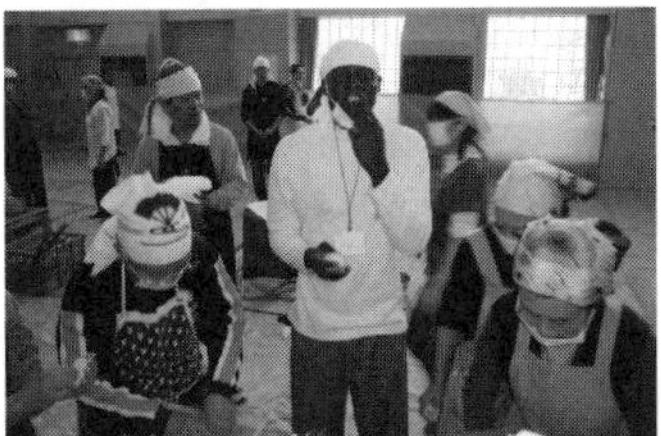

ちでついた餅に、納豆・餡《あん》こなどをアレンジしながら食べました。納豆餅を、違和感なく食べていた姿が印象的でした。

・共済ホールにて小田島さんが熱く語る

六日間の交流のメインである「ウガンダ国際交流フェスティバル」が札幌にある共済ホールにて行われました。六百五十名のフェスティバル会場に七百名が集い、一部立ち見となりました。実行委員会として、何名が会場に足を運んでくれるだろうと心配しておりましたが、蓋を開けてみると立ち見が出るほどの盛況。北海道の遠方から来られた方、北海道以外から駆けつけてくれた方もいらっしゃいました。「気づき・学ぶ」というコンセプトで、たくさんの方々が学びを求めて会場に足を運んでくれました。「小田島さんの基調講演」「ウガンダ選手団によるダンス」

「北海道の風物詩・平岸天神のよさこい演舞」「書家若山象風氏の書パフォーマンス」などが行われました。小田島さんは講演の中で、「何のために教師を辞めてまで、ウガンダへ行ったのか」ということを中心に話をしてくれました。彼が30歳から挑戦し続けた、青年海外協力隊の試験。倍率のかなり高い野球隊員の試験に落ち続け、最後のチャンスで夢を叶えました。長い年月の葛藤や思いの変化を、熱意を持って話してくれました。真っ直ぐに突き進んでいる男の言葉に、会場中が涙を流しました。絵に描いたフィクションの話ではなく、夢を追い続け、本気モードで有言実行している人の魂に、共鳴・共感したのです。

　ウガンダの子供たちが、大きく変革した映像も流されました。小田島さんが携わった当初の頃、彼らがだらしなかった時の映像から、彼らが本気に取り組み大変革を

遂げた姿。変革後、大きな夢が芽生え語っている姿が上映されました。会場に足を運んだ子供から大人までが、ウガンダ人の大変革を見て「今するべきこと」に気づいたことと思います。

彼らがたった半年間で大変革を遂げられた変革キーワードは

①時間を守る
②礼を正す
③整理整頓

誰にでもできる当たり前のことを、素晴らしく「ここまでやるか」の精神で毎日続けている姿に、日本人は感動したのです。

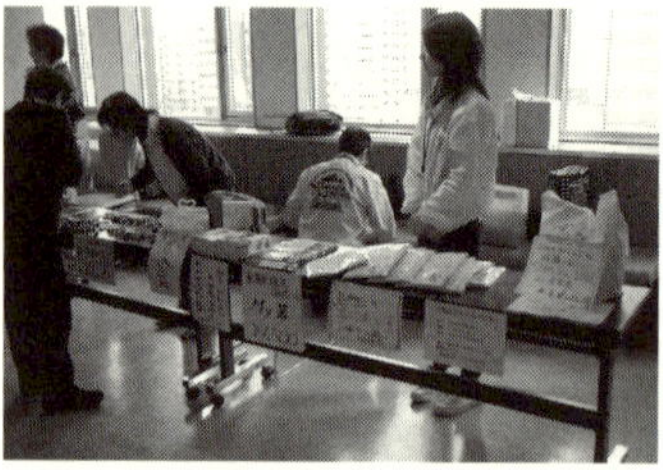

28日

札幌を満喫

・聖地をゆっくり歩く

26日に彼らがプレーした札幌ドームを、ゆっくり歩くという見学ツアーを企画。ドームの大きさ、日本のテクノロジーに驚きを隠せないようでした。彼らに、大きな疑問が浮かんできたようです。

「日本は戦争で原爆を落とされ、危機的状況から約60年足らずで、素晴らしい復興をしている。ウガンダは独立して何年も経ちますが、遅々として変化に乏しい国です。ウガンダはあと60年で同じようなテクノロジーに近づけるのでしょうか」

小田島さんは彼らに言いました。
「他国に依存するのではなく、自分たちで学び、創る気持ちがあれば道は開ける。もし君たちの国の人々が欲しているのであれば、君たちがその歴史を創ればいい。依存する心は何も生まない。どうするかは、君たちが決めることだ」

アフリカの国々は、他国依存型が多いのも事実です。悪い意味で支援慣れしており、自分たちで切り拓く意識に乏しい大きな弱点があります。過去の日本国がそうだったように、「自分たちで復興する」という強い気持ちが必要なのかもしれません。ただ、日本は物が豊かになった途端に、心が貧しくなるという弊害が生まれました。近代化することだけが素晴らしいことではなく、便利な社

会より、自分たちが楽しめる社会が良いと彼らの国を見ていて感じます。近代化だけが、未来への選択肢じゃないことに気づかされます。

・札幌地下街を闊歩《かっぽ》する

一週間後に開幕する、雪祭り会場を歩きました。開幕を控え、かなりの数の雪像ができている状況でした。校長先生が、「自然の恵みで、こういったフェスティバルができることが素晴らしい」と言われました。自然と共に生きている、ウガンダならではの考え方でした。北海道に住み、雪に慣れていると、雪を「自然の恵み」とはなかなか思えないものです。逆に、雪かきや雪害などでマイナスイメージがありますが、この自然の恵みで札幌が賑わっていることを考えると、雪に対しありがとうの心

を持たなくてはいけないと思いました。

札幌の中心部にある地下街では、ウガンダ選手団がゴミ袋を持って歩きました。彼らは、「日本はゴミが落ちていなくて綺麗だ！」と驚いていました。通り行く日本人も、ゴミ袋を持って歩いているウガンダ人に驚いておりました。

発展途上国であるウガンダでは、ゴミを拾う習慣が乏しい国です。周囲にゴミが溢れ、学校や町並みに累積しているのが現状です。日本でもゴミ問題は大きな未来への課題ですが、地下街は彼らにとって驚きだったようです。日本ではリサイクルの概念があり、使ったものを再利用していることを教えました。今後、アフリカ諸国の中でウガンダが、ゴミ処理先進国になって欲しいと願いました。

・同年代の女性から学ぶ

この日の夕食は、食文化の交流として、星澤幸子先生のクッキングスタジオで行われました。ウガンダ選手団と、東京から来られた在日ウガンダ大使、英語が堪能な札幌市内女子高生、国際交流実行委員会の面々で行われました。

参加者全員で、ウガンダの子供たちが大変革した映像を見ました。日本の女子高生が涙し、気づいたことを皆の前で発表しました。

「恵まれている日本人の私たちは、何をしているのだろうか。夢も明確じゃなく、何となく生きている私たち。彼らの変革の映像を見て、未来に向けて何をしていくのか、道が見えました」

同年代の日本の女子高生が発表する姿を見て、ウガン

ダの子供たちも気づかされることがあったようです。自分たちのしていることに、日本人は感動し変わろうとしてくれている。小田島さんが、いつも伝えてくれていることに対し、認めて評価してくれている。両国間で感動し合う、素晴らしい時間が流れました。言うまでもなく、星澤幸子先生の素晴らしい日本食に舌鼓し、世界一を誇る日本食に驚いていました。星澤先生は、他国からの輸入物ではなく、北海道の作物を大切に扱っています。四季が豊かで、広大な土地で作られていることが、世界一の要因と唱えております。改めて北海道の素晴らしさを確認できた、ミラクルな時間でもありました。

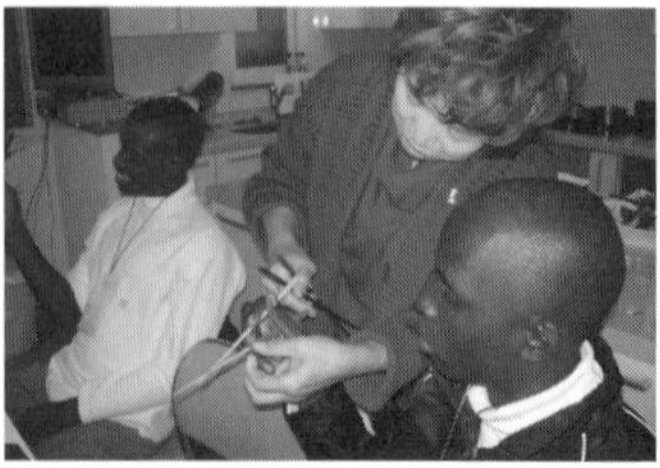

29日 最後まで日本の優しさにふれる

・北海道庁表敬訪問

北海道庁にて、ウガンダ選手団と在日ウガンダ大使が表敬訪問を致しました。残念ながら日程の都合上、北海道知事はいらっしゃいませんでしたが、道庁では、ピンと張り詰めた時間の中で、両国間の素晴らしさ、人の温かさについて語り合いました。その後、館内を紹介していただき、北海道の歴史を学びました。

・最後に打ちまくる

最後の行程は、彼らを驚かせ楽しませることを用意しました。バッティングセンターでのバッティング体験です。札幌市内にあるバッティングセンター、「ピッチャーガエシ」

にてお世話になりました。バーチャルなマシーンを置いて、北海道では札幌以外の遠方から打ちに来ている人もいる施設です。社長の有難いご好意で、貸し切り状態で使わせていただきました。

機械から次々と繰り出される球に、最初は戸惑いましたが、順応性に優れた彼らは、すぐにバットから快音が聞かれました。ウガンダの国では、打撃ネットがない環境の中、なかなか打つ練習をできないのが現状です。打つことの楽しさ、難しさを味わっていました。

最後のサプライズです。坂栄養食品の坂さんが、日本のポピュラーなお菓子のビスケットを差し入れてくれました。美味しいものに対する表現は万国共通です。懐かしいABCビスケットや、口当たりの良いお菓子の数々に、ウガンダ選手団は一瞬にして笑顔になりました。

・帰国

素敵な時間ほど、過ぎていくのは早く感じるものです。嵐のような六日間の日程は、ここで終了です。新千歳空港より三回の乗り継ぎを経て、ウガンダへと帰国します。新千歳空港から関西国際空港まで約二時間弱のフライト、関空よりUAEのドバイ空港まで約十一時間のフライト、ドバイ空港からウガンダエンテベ空港まで約七時間のフライトです。待ち時間を入れると丸一日をかけて帰国します。

たくさんのお土産を持ち、彼らは帰ります。物だけではなく、たくさんの日本の志を胸一杯に持ち帰ることでしょう。入国した時の顔と帰国する時の顔に、明らかに変化がありました。自信に満ち溢れた、輝いている目をしていました。これからは自国に帰って、彼らが中心となって、国を変えていく重責を担っていくことでしょう。

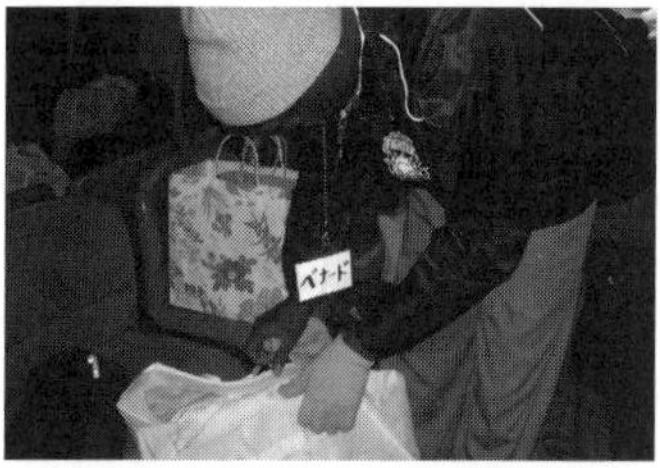

日本の現地現場で経験したことを、ウガンダでいかに伝えていくのか、並々ならぬ決意が表情に表れ、目に映し出されているようでした。

数日後、校長先生より国際電話で、「無事ウガンダに帰国した」との連絡があり、九ヶ月間前から企画・実施された国際交流は終了いたしました。

〈ウガンダ選手団の声〉

日本国での感想

・人や街並みの感想

「たくさんの方々が、温かく迎え入れてくれたのが印象的だった。日本人のおもてなしに感動し、幸せな気持ちになりました」

「初めて見た雪は、冷たく長く触ることができなかった。雪玉が作れた！」

「札幌市内を歩いたところ、美しい女性がかっこいい服を着て歩いていた。日本の人々はウガンダ人に比べて歩くスピードが速かった」

「道が平坦で驚いた。きちんと整備されていて、通りでゴミを見ることはなかった」

・温泉の感想

「暖かいお湯の入った湯船に感動した。露天風呂では外に雪があり驚いた」

「温泉は気持ち良く、ウガンダにあれば毎日利用しているだろう」

「かなり熱いお湯だったが、お湯と冷水が両方あり楽しめた。温泉は人と人を繋げる」

「温泉は寒いところから入ったため、ずっと入っていたいと思うくらい気持ちが良かった」

・登別明日中学での交流感想

「美しく清潔で、学校に入る時に靴を脱ぐことが日本の清潔の表れに思えた」

「教室は綺麗で、生徒は良い顔をして笑顔が絶えなかった」

「授業を集中して聞いていて、服装が乱れていなかった。教室にはゴミがなかった」

「生徒の良いお手本のような学校だった。男の子も家で料理をしなければならないことを学んだ」

・水族館の感想

「動物たちがよく訓練されていて、簡単ではないパフォーマンスを行っていたのが印象的だった。どう訓練しているのか興味を持った」

「イルカとアザラシが人間の行動のようで凄かった。魚の種類にも驚いた」

「動物でさえも、教えられたことを実演できることを学べた」

・駒大苫小牧高校の感想

「ジェントルマン精神を見た。目や大きな声からも彼らの真面目さが分かった」

「動きが揃っていて、強い感じがした。技術の高さに驚き、彼らのようになりたいと思った。彼らを見ていると、早く上達する気がした」

「イキイキとして実践的で、正確さを兼ね備えていた。雪の上の練習でも動きが早かった」

「寒いのにもかかわらず、態度が素晴らしい。雪の中で不満を言わず、最後まで情熱を持って動いていることに感動した」

・札幌ドーム野球交流の感想

「英語を話せなくても、共に野球を楽しむことができた」

「札幌ドームが素晴らしかったので、私たちに恐れじゃなく強さを与えてくれた」

「あのようなカーペットの上で野球をできたことは、一生忘れないだろう」

「屋根付の大きな球場で、たくさんの方々が声援を送ってくれた。外は雪なのに全く寒くなかった」

「今までの試合の中で、全選手がベストのプレーができた。引き分けの結果をみて、普段の練習でいつでもハードワークを選ぶことが、いかに良いかを学んだ」

■その他の感想

「星澤先生は準備に慣れていて、すぐに料理を作り彼女の技術を楽しむことができた」

「たった二分で星澤先生は料理を作っていた。彼女は私が会った女性の中で一番偉大だ」

「星澤先生の料理がとても美味しく、今後も世界記録を更新するだろう」

「共済ホールでは、私たちのダンスを楽しんでくれたようだ。かなり練習をしたので本番はうまくいった」

「共済ホールで、よさこいの踊りには驚いた。日本の伝統的な『書』をいただき感動した。書は、自分がどうあるべきかを意味していたような気がする。家に飾ります」

「食事交流会での日本の女子高生は、誰に対しても自由な感じでウガンダの女性も彼女たちのようであればと思った。彼女たちからたくさんのことを学んだ」

■日本にて学んだこと

「ビジネスにおける姿勢に大きな違いを感じた。お客様に対してどう振舞えば良いのか、基本的なことを学んだ」

「挨拶の時の丁寧な姿勢を学んだ。自分だけじゃなく、他人との関係の大切さを学んだ」

「人々の中でどのように振舞うかということ。日本には良いリーダーがいる」

「ジェントルマンになれば、たくさんの方々が集まってくるということ」

「人を迎える時は、挨拶・笑顔が必要。ありがとうを言うことで態度が良くなるということ」

「ハードワークから成功の道があることを学んだ。協力し、身の回りをきれいに保ち、時間を守れば夢が近づく」

「日本人は、素晴らしいおもてなしの心を持っている。日本での私の写真はどれも笑っている。感謝の心と素敵な笑顔が必要なことに気づいた」

■ウガンダ国で未来に向けてすること

「継続することが成功には大切なことです。ウガンダで良きリーダーになるために、まずは自分の学校で良き模範になる」

「ウガンダで目標を達成して行きたい。いつも時間を守るジェントルマンに導くビジネスを立ち上げたい」

「ウガンダの悪いところを、良いところに変えていく。ゴミをひたすら拾い続ける」

「若い世代の人たちに、日本人のような良い態度を伝えていく。将来ウガンダにおいて必ず、心構えを変える日がくると思う」

「これからウガンダ人を援助することをします。それは他人を援助することは素晴らしいことで、大切なことと実感したからです。家族、そして他の人たちにジェントルマンとしての生き方を伝えます」

「日本の躾や発展をウガンダに持ち込みたい。教育とスポーツの分野で全力を尽くす」

「これから今までやってきた姿勢を続けていきます。いつもゴミを拾うことが、ウガンダの国を良くすることになります」

第4章

やればできる、夢は叶う

～本気でぶつかれば、大きな夢も動く、未来も変わる～

夢を描いたら、まずは語ること

夢は叶います。叶わないという人が圧倒的に多い中、私は叶うと信じています。世の中には、夢を叶える人と叶えられない人がいます。どこに違いがあるのでしょうか。叶えられない人は、「運がなかった」とか「環境が整っていなかった」「タイミングが悪かった」など、自分以外の責任にすることが多いようです。夢を叶えている人の話を聞くと、どうやらキーワードになるのは周囲の状況や動向ではなく、自分の心の中の考え方に大きな違いがあるようです。もう少しシンプルにいえば、自分を信じられるかどうかにかかっているともいえます。描いた夢を信じる前に、その夢に向かってこれから遂行する自分を信じられるかどうかなのです。

ここ数年、私自身、「自分の中での奇跡」が数々起こっています。その夢実現の第一歩は、自分を信じ他の人に「夢を語ること」だと思います。誰にも話さずに自分の心だけに留めておくと、夢は動き出しません。まずは壮大な夢を、恥ずかしがることなく話すことだと思います。

夢実現　その1　～駒大苫小牧高校野球部～

北海道の高校野球は、戦前甲子園大会が始まってから85年間、一度たりとも真紅の優勝旗が北海道に渡ったことはありませんでした。86年目にして、北海道苫小牧市にある駒大苫小牧高校が栄冠を勝ち取りました。北海道の野球関係者や、道民の方々は口を揃えて

「北海道は雪国でハンデキャップがあるので、熱い夏に行われる甲子園大会では絶対に勝てない」

と言っていました。野球指導者の方々も口では「全国優勝」と唱えるものの、心の中では正直「でもな」「やっぱり」という気持ちがあったように思います。

この駒苫の偉業に、あるきっかけから私も携わることになりました。人生分からないものです。駒苫は北海道の地区予選を勝ち抜き、北海道代表として甲子園出場が決まりました。親交のあった香田監督へ、お祝いを伝えるべく苫小牧に足

を運びました。

彼らが甲子園に乗り込む数日前のことです。そこで様々な話を香田監督とする中で、私が甲子園で水面下のサポートをすることになったのです。香田監督の「全国優勝したい」という熱い思いと、私の志が重なり共に挑戦することになりました。苫小牧で語り合う前までは、まさか一緒に甲子園でスタッフとしてお手伝いするとは考えもしなかったことです。

私は社会人野球という世界で北海道のチームとして日本一を目指し、16年間白球を追いかけました。残念ながら現役時代には、日本一の夢は叶いませんでした。しかし、引退後も日本一という野望や夢を捨て切れませんでした。自分がプレーしなくても違う形で何とかトップを目指したい。そんな自分の熱い気持ちが香田監督への縁に繋がり、現実となったのです。今までの北海道では考えられなかった真紅の優勝旗を、その前の年まで甲子園で一度たりとも勝てなかった駒苫が勝ち取ったことは、私の中では大きな奇跡になっています。夢を諦めずに、情熱を持って思い続け、自分の可能性を信じ、チームや監督を信じ、勝利し分かち合った日本一は、私の中で「夢が叶った」大切な奇跡の1ページです。

夢実現　その2　～著書　考える野球～

２００７年の一月に、私の処女作である「考える野球」が出版されました。もう手に取って読まれた方も多いことでしょう。どうして駒苫が全国優勝できたのかということを、心の視点から書いた本です。野球関係者以外の方々が読まれ、メンタル書としても活用されています。会社の社員研修などで使われ、感想文を社員に求める経営者の方もいらっしゃるようです。

この本の出版に関しての経緯も、語ることからスタートしました。私は、人に自分の夢を語ることが大好きです。夢をたくさんの方々に語っているうちに、本の制作の支援者が現れました。芸能人でもない私に、自費出版じゃなく書店流通による出版が実現したのも、人前で夢を語ったことから動き出したのです。

駒苫が初優勝した年に、本を出そうか考えたことがありました。確かに北海道にとっては考えられない成果で、書いても問題はなかったと思います。しかし、私の中で「一度成果を出しただけで本を書くのは……」と思いとどまりました。翌年、連覇をすると成果の裏側には、「選手たちの心」に大きな特徴があると気づきました。何事も三度目という言葉がありますが、私が書こうと決意したのは、三回目の成果を出した後でした。優勝・優勝・準優勝。技術力が少々低くても、心を強く持てば強豪校にも勝負できることを確信しました。確信した瞬間に、私の動きは変わりました。積極的に本のことを周囲に語り、具体的に話が動き始めたのです。

人生は奇跡の連続だと思います。数年前までサラリーマンをしていた時に、私が本を書くなんて思ってもいませんでした。ネタはありましたが、それを本に書き記すというイメージが全くできませんでした。イメージ力は凄い力を発揮します。夢を具現化し明確にすることで自然に自分が行動し、周囲の方々のアンテナに止まったのです。私の「夢実現行動」に拍車がかかりました。何事に対しても、思ったことをすぐ行動に移し始めたのです。

夢実現　その３　～ウガンダとの国際交流～

今回のウガンダ・北海道国際交流も同じようなことがいえます。親交のあった株式会社アクトサービスの笹村社長と何気ない話の中で、私が夢を語り具現化させているうちに、今必要なことに気づかせてくれました。5年先、10年先の自分を考えると、少々の日程をこじ開けても、ウガンダへの渡航が大切なことを気づかせてくれました。なぜ自分が起業し、何をしたいのか。その答えを心の奥底にしまい込んでいる自分に気づいたのです。

ここで行動に移す人と、移せない人に分かれると思います。私は、自分の未来をはっきり感じることができました。だから感じ取ったことに対して、ためらうことなく突き進むことを選択したのです。机上の論理で考えているだけでは何も起こりません。現地現場で実際に自分の目で見て勉強することが、何よりの糧になります。思い立ち、即座に行動を起こしウガンダに行かなければ、国際交流は実現しませんでした。ウガンダへの最初の渡航から、たった九ヶ月間であのような大きなイベントが大成功に終えられたのも、勇気を持って最初の一歩を踏み出したからだと思います。

成功しているすべての人たちが口を揃えて言われている言葉があります。私の行動指針になっている言葉です。

「できる、できないを考えるより、やるか、やらないかだ」

やる前に、できるできないを考えると、できない理由がたくさん見えてきてマイナス思考に陥り、「やっぱりできなそう」となります。世間ではこれを、計画倒れといいます。一歩前に踏み出せない人の思考は、いつも結果をマイナス思考で考えすぎる傾向があるようです。今回、私は国際交流実現のため様々なところに足を運び、ご協力をお願いいたしました。かなりの時間を費やして大変な時期もありましたが、楽しみながら人生の糧にできたと思います。自分の責任において語り、決断したことは大きな意味があります。成功しても失敗しても、自分を高めてくれたことでしょう。今回、周囲の方々に助けられ、大成功に交流を終えられたことは、私の夢実現リストの筆頭にあげられることです。

このように、私の最近の出来事でも、たくさんのミラクルが起きました。あなたの周りにも、自ら語ることにより動き出したことが、たくさんあるのではないでしょうか。夢を語ると、夢が動き始めます。恥ずかしがらずに、周囲の方々に語ってみてください。

高い志を持てば、同志が集まる

ウガンダ国際交流という大きな事業を、ひとりで実現させようと思えば無理があります。たくさんの志ある方々が、この交流に手を差し伸べてくれました。私の生活や仕事は、「ご縁」ですべてが動いているようなものです。自分の志を高く持てば、志高い方が集まると言いますが、本当にそう思います。ここまで読まれる途中でたくさんの人が登場してきていますが、その中の何人かを紹介させて下さい。

志の人　星澤幸子さん

今回の件を、まず初めに親交のある北海道の元気印、星澤幸子さんに相談しました。彼女は、北海道でテレビの料理番組キャスターをされていて、「料理研究家」として料理コーナーを17年担当しています。北海道で星澤先生の笑顔を知らない人はいないほどで、お料理番組生放送連続出演のギネス記録も更新中のパワーのある方です。

相談したところ星澤先生は、「遠藤さん！それやる価値あるわよ！」と輝いた目で話されたことを思い出します。背中を押してくれた力強い言葉で、私の思いは強いものへと変わっていきました。これをきっかけに、続々志人が参画してくれたのです。帰国後に彼女にあることを報告しました。

「先生！小田島さんの部屋に大きな紙が貼ってましたよ。2年間の目標を細かく書いていたのですが、なんとその中に『星澤先生をウガンダに呼ぶ』と書いていました。驚くのは、この紙に記入したのはウガンダの国に入る前だったようです」

日本を離れる前に決めた目標の存在を知り、星澤先生はその場で決断しました。「私、正月にウガンダに行って来るわ！」。耳を疑いました。彼女は、正月の貴重な休みをウガンダ渡航に当てて、初のアフリカ旅行となったのです。日本からお米や味噌を持参し、現地で食の交流を実施しました。海外で世界貢献をしている青年海外協力隊の方々へ、おせち料理を振舞いました。北海道は世界一と豪語する星澤先生は、赤道直下の国でも熱く動き回りました。

ウガンダ交流団が北海道に滞在していた時にも、様々な熱いサポートがありました。彼女のスタジオで食の交流をした後に、ウガンダ少年から「日本女性の中で、星澤さんが一番偉大だ」と言っていたことが印象的です。彼らにとっては、アフリカにまで来てスペシャルな料理を作ってくれた女性に対し、料理の味はもちろんのこと、その「志」に感動したことでしょう。

私は、星澤先生から多くのことを学びました。熱意ある成功者は決断力が優れ、行動が早いということです。食という視点から、世界を元気にできる可能性を知りました。

志の人　否定しないプラス思考な二人

困ったな……。どうすればこの問題を打開できるのか。そう考えていると、必ず斉藤さんが答えを出してくれました。斉藤さんは、この本を出版してくれているエイチエス株式会社の専務さん。私の処女作、「考える野球」も出版する時にパワー全開で手を貸してくれました。常に「できる・やれるパワー」を注入してくれた心強い方です。

本来業務の時間を調整し、ウガンダ交流を最優先で考え、動いてくれました。

アイディア創出からピンチ脱出、とにかく動き回りました。私が、逆の立場ならそこまで動けるものかと思えるような行動力でした。否定的な話を絶対せずに、どうしたらできるかを考える超プラス思考人間です。ウガンダ交流成功のためには、なくてはならない存在でした。

こうなると、志の渦は留まることをしりません。交流企画の後半戦に、もうひとり強力な助っ人が現れました。野球でいえば、終盤の絶対的ストッパー、抑え投手みたいな感じの人です。その人の名は、大植隆さんです。不動産鑑定士の方ですが、自ら参画したいと手を上げていただきました。大植さんとは、異業種の勉強会で出会いました。頭の回転も速いのですが、同時に行動も伴っているスピーディーな方です。

１２０％で関わってくれる姿は、私の人生の師匠です。自分にとって一見利益がないと思えるものに対し、熱くなれる人たち。仕事の時間を割いてまで、動こうとする人たち。楽しみながら困難を切り抜け、笑いながら乗り越える人たち。一生語り合える人たちがこの交流で大集合しました。ある経営者の方は言いました。

「やる前に自分に価値があることだけに対し、動こうとする人が多いようです。自分に不利益と思うことには立ち上がろうとしません。この考え方が世の中を殺伐とさせているのでしょう。本当の志ある人は、一見価値のないと思えることに対し、情熱を持って関わり、終了後には自分で価値を見出していく人である」

この交流に対して大なり小なり関わってくれた方々は、志高い人ばかりでした。意味のないものに意味を持たせていく達人だと私は思います。

志のチーム　北海道日本ハムファイターズ

普段ならお会いすることもできない方とも、お話する機会に恵まれました。野球交流に関して同年代の高校生と国際交流が難しいとなった時、北海道日本ハムファイターズの大社オーナーと、札幌某所でお会いする機会に恵まれました。周囲の経営者の方が、多大な配慮で実現させてくれました。私にとっては、かなりのサプライズです。

大社オーナーはイメージしていたとおりの方で、真摯に私の夢を聞いていただきました。私は、なぜこの交流が北海道で必要なのか、未来に向けて北海道をどうしていきたいのか語らせてもらいました。反応は鋭敏でした。その席で、オーナーは快く支援を約束してくれました。交流当日に、日本ハムOBの方々が実施しているフィールドクラブの、「野球教室」実施を約束してくれたのです。フィールドクラブは、現役時代にオールスターにも選ばれたことのあるプロ野球OB白井康勝さんが中心となって、北海道や全国を飛び回っている素晴らしい団体です。札幌ドームでは、五百名の少年とウガンダ野球少年が、元気に指導を受けていました。ウガンダ少年は、日本プロ野球の指導レベルに驚いて、目を丸くしていました。

札幌ドームのオーロラビジョン活用を考えていると、看板選手である現役の「稲葉篤紀外野手」のビデオメッセージを用意してくれるご配慮をいただきました。会場に足を運んだ1300名は、現役選手のメッセージに歓声が上がりました。すべては大社オーナーの志高い決断から始まりました。ありがとうございます。

勇気と力を与えてくれた、最強の「他喜力」軍団

扇の要　佐藤等さん

資金集めのピンチもたくさんありました。15名の選手団を北海道に招待するに際し、かかるお金の大半が彼らの渡航費です。飛行機代金がこの国際交流にかかるほとんどのウエイトを占めていました。資金集めに苦慮している時に、最強の救世主が現れました。北海道を拠点とし、志高く勉強している異業種団体、「ナレッジプラザ」の方々です。ナレッジプラザで中心となっている代表の佐藤等さんは、宝島研究会という中で、「北海道の宝物」として私を扱ってくれました。これには驚きました。私の大きな夢に共感してくれて話に乗っていただき、そして行動してくれたのです。口だけでは「素晴らしい」と表現する人が多い中、実際に動いていただいたことに大きな感動を覚えました。周囲のパワーある方々へのお声かけや、私が皆様に話す機会を与えてくれました。佐藤さんの行動を見て、自分ならそこまでできるだろうかと、自問自答する機会に恵まれたことも大きな財産です。

ナレッジプラザの方々は、会う人会う人が私に、「アホだなぁ」を連発してくれました。アホという言葉は、世の中の一般的な使い方では悪い言葉になると思います。しかし、ナレッジプラザの方々の中では、最高の褒め言葉として使っています。

ついにたどり着いた　西田文郎先生

巻頭で推薦文を書いていただいた、「西田文郎先生」の名前を知っている人は、日本にはたくさんいることでしょう。１９７０年代から科学的なメンタルトレーニングを始め、能力開発プログラムなどにより、国内のスポーツ、ビジネス、受験、その他多くの分野に科学的、実践的なメンタルマネージメントの導入を行っています。あらゆる分野で成功者が続出するため、「能力開発の魔術師」と言われているのが西田先生です。たくさんのベストセラーを出しており、ご覧なったことのある方も多いと思いますが、著書に「Ｎｏ．１理論」「ツキの大原則」などがあります。私は西田イズムを学ぶため、先生が出しているすべての本を読んでいます。

西田先生が会長を務める「西田塾・日本アホ会」では、「アホが世の中を救う」

と言われています。アホ会で西田先生の教えに、「プラスの脳になっている時は、とんでもない成果を生み出す」というのがあります。プラスの脳になっている私が、西田先生に熱く語りました。西田先生は瞬時に反応しました。百年後の未来のために動いている私や、手助けをしているナッツレジプラザの方々に、感動・共感・共鳴してくれたのです。

西田塾・日本アホ会の規則で、「どんなアホみたいな夢でも、絶対に相手の言うことを否定してはいけない」というものがあります。自分の利益を最優先するのではなく、自分以外の人に対し一生懸命になれる人たちがアホです。今、全国にいるたくさんの会社経営者の方々が、この考え方を学び、荒んだ世の中を立て直そうと楽しく活動されております。私も僭越ながらそのお仲間に入れていただいております。

夢実現の法則で、①大きな夢を持つ、②その夢を語り合う友を持つ、③その夢を支えてくれる人を持つ、というものがあります。今回のウガンダ交流の件も、この法則がぴったりと当てはまります。

「他喜力」という言葉をご存知でしょうか。西田先生が造られた言葉です。読んで字の如く、「他人を喜ばす力」。素晴らしい言葉だと思います。いかにして自分以外の人たちに喜んで、そしてびっくりしてもらうか真剣に考えている人たちです。初めてこのような考え方をする方々に出会いました。真剣に未来のために周囲の方々をサポートしようとしている本気人です。

国際交流への時間が少なくなってきたある時に、その西田塾・日本アホ会の全国大会が東京で行われました。西田先生のご好意で、北海道として少しの時間をいただいたのです。今回のウガンダとの国際交流の意図や意味を、日本の皆様に熱く語る大チャンスです。北海道より約十数名のアホ会の皆様が東京に足を運びました。どうせなら北海道のみんなで、全国の経営者の方々を驚かせようとしていたのです。私は話す内容に集中していて、そのサプライズには一切気がつきません。会が始まる数十分前に、

「さて遠藤さん、どれを選ぶ？」

と、笑顔で言いました。目の前にあるのは文字入りの「褌（ふんどし）」でした。どうせやるなら楽しく猛烈にアピールしようということで、急遽企画されたようです。

私だけ褌姿になるのではなく、北海道から行った十数名の方々が私と同じように褌姿になってくれたのです。北海道の他喜力軍団は、日本の経営者約六百名以上の人たちの前で、褌姿で踊り会場の笑いを誘いました。格好は褌姿でしたが話は大真面目。日本の未来のために、発展途上国の素晴らしい子供たちから、先進国の日本が学ぶべきだということを情熱的に語りました。その後、懇親会での募金活動でもお力をいただき、相当の金額が集まりました。

人のために、いいえ、日本の未来のために行動できる人って素晴らしいと心の底から感じました。羞恥心より、行動力が勝る人は、この世の中にどのくらいいるのでしょうか。このウガンダ交流を通して素晴らしいご縁ができ、一生お付き合いできる方々に改めて感謝致します。ありがとうございます。

真のジェントルマンの意味

私はジェントルマンという言葉を、何気なく使っていました。ウガンダで小田島さんは、子供たちをジェントルマンに近づけるべく、スポーツを通して彼らに表現をしていました。スポーツだけじゃなく、真のジェントルマンを目指し朝早くゴミを拾ったり、整理整頓をしたりしているのです。試合結果で優劣を決めるのを最優先にしないで、人間育成に力を注ぎました。

ジェントルマンとは、誰からも素晴らしい評価をされ、周囲の事柄に対し思いやりや気配りができる人。そんな理想に向かい、赤道直下の国で頑張っている子供たちがこの世に存在します。

本書で、ウガンダの国で彼らが続けてきたことを再三再四紹介しましたが、同じ国の大人がその姿を見て、私たち実行委員の行動を知り、気づかれたという話を紹介します。在日ウガンダ大使が、交流期間中の食事会で話をされた言葉です。

「今までジェントルマンという言葉は、レディファーストなど女性に対しての行動や表現に使うものと思っていました。しかし、あなたの行動や考え方に触れて、真のジェントルマンの本当の意味が分かりました。ジェントルマンとは自分以外のことに対して、熱意を持って本気になれる人間力がある人、だと痛感しました」

在日ウガンダ大使は、数年前までウガンダ国にて、一般企業で大成功を収めた人です。一国の大使が、同じように育ったウガンダ少年から、気づかされたという言葉に驚きを感じました。実践的な教育では、大人が子供に教えるだけではなく、子供から大人が教わることがあるのです。謙虚な気持ちさえ持ち続けていれば、誰でも気づき、学び、飛躍できることを大使の言葉から感じました。

真のジェントルマンの考え方や行動が、今の世の中に浸透したらどのような社会になるのでしょうか。日本だけじゃなく、世界に広まったら何が起きるでしょうか。考えただけでドキドキ・ワクワクします。現代にある問題のすべてが、解決しそうな気がするのは私だけでしょうか。

本気・情熱が未来を変えていく

百年後の日本の未来に向けて、大きなキーワードになるのは、周囲に対しての思いやりや気遣い、心配りだと思います。「自分さえ良ければそれでいい」「この世の中、自分たちじゃどうしようもない」という絶望的な考え方ではなく、まずは自分から身を正し､自ら行動することが必要ではないでしょうか。周囲の人への思いやりがあれば、環境に配慮する心があれば、おのずと言動が変わってくることでしょう。企業も人も、自分だけ儲ければ良いという考え方を戒め、未来を見据えた行動が今問われています。

ウガンダ・北海道国際交流を終えて、たくさんの事に気づかされました。これまでにも薄々感じてはいたのですが、九ヶ月間の学びを通して確信を持ったことがあります。それは、「本気」が周囲を動かすということです。日本の選挙で政治家を目指す人が、格好のいい言葉を並べ理想論に終始し、体裁を整えるトークをすることが残念ながら多いと思います。聴衆は敏感に察知し、口先だけと判断します。本気の心を持ちながら、ひた向きに突き進む姿に、人は掛け値なしに感動します。周囲が共感共鳴し、最初は小さな一歩でもやがて大きな渦となり、社会に対して影響力を及ぼしていきます。

今回の国際交流も、異国で本気で奮闘している小田島さんから波及したものでした。本気でぶつかっている姿に私が感動し、それを日本にいるたくさんの志人に伝わり、あのような素晴らしい時間を刻むことができたのです。

「何事にも頭に本気が付いているかどうか」

これが今後の私の行動判定基準です。本気で今日を生きているのか、本気で今というかけがえのない時間を過ごしているのか。自問自答しながら行動していきます。今回改めて気づかせてくれた、この本の題名でもある「当たり前基準」という言葉が広く世の中に普及し、ひとりひとりが気づくきっかけになることを祈ります。この殺伐とした世の中であるからこそ、素晴らしい先人の方々の「日本の志」を、今一度思い起こす時だと痛感します。

難有りに、ありがとう

マイナスの時に、ほとんどの人は「なぜ自分だけ……」と嘆く人が多いことでしょう。今回の国際交流事業でも様々なハードルがありました。その都度折れそうになる自分に対し、私は一枚の紙に言葉を書き入れました。

「負の時こそ大チャンス！人生の修行を笑って乗り越える！それがエントモ流！」

失敗や負の出来事はよくあることです。受け止め方でステップアップできるかどうか決まると思います。マイナスの時に、「眉間にしわを寄せる」ことは簡単ですが、笑って切り抜けるのはとてもオシャレだと思います。私は、この紙を部屋の壁に貼り付けました。大きな志を持てば、大きな困難がついてくるものです。

青年塾で「志」について一年を通して学びました。北海道道東地方にある遠軽という土地には、北海道家庭学校があります。児童自立支援施設として数十名の子供たちが学んでいます。学んでいる生徒の中には、心を乱し問題行為を起した子供たちもおり、北海道の大自然の中、更生するべく学んでいます。

学校の中に「流汗悟道」という大きな立て札があります。北海道の大自然の中で、自ら汗を流し、道を悟っていく。行動を起しながら、道を模索し人間形成していくという言葉です。敷地内の礼拝堂にいくと、正面に大きな二文字が掲げられていました。

難有

難有を逆に読むと「ありがとう」になります。難を克服した時には、必ずありがとうが舞い降りてきます。一番苦労した人が、一番の恩恵を被《こうむ》る。まさに今回の国際交流事業は、自分をワンステップ上げてくれたような気がします。意味のあることだけをするのではなく、利益のすぐ見えることとしかしないのではなく、どんなことでも行動し続けることで価値を見出していきたいと思います。苦労することが格好悪い、努力することはダサいという若者の考え方がありますが、私はそうは思いません。泥まみれになって努力する人ほど輝いて見えるものです。

どの世界でも、うまくいっている人ほどいう言葉は、「一生勉強」です。成功している人ほど、探究心や向上心があるものです。私もそれに習って、これからも挑戦し続け、この当たり前基準の普及に努めたいと思います。

あとがき

当たり前基準という言葉を、そしてウガンダ国際交流と、それに携わった人を通して学んだことを、活字にしてお伝えしてきました。未来を考えると、依存型社会ではなく、自立型社会にならないと多くの問題は解決しないみたいです。自分自身の基準を高めて欲しいとの一念で、この本を書きました。どのように気づき、どのように決断されたでしょうか。今ある環境で、できることはたくさんあると思います。小田島さんが、異国で人間変革に成功したキーワードは「見本」です。世界のひとりひとりが当たり前基準の高い見本になれば、世の中は救われることでしょう。大それたタイトルを付けましたが、当たり前基準が日本を救うと思い込んでいます。

思い込みこそ最高の武器

常識だけで物事を考えるのではなく、思い込みで行動ができるなら、これからもたくさんの思い込みをしていきたいと思います。私は生まれてこの方、ツキまくって現在に至っています。これからも「ツイていると思い込んで」生きていきます。本書を手に取り、身近なことから始めようとする人もいるでしょう。動けば変わります。どうか動いてください。

最後にお願いです。百年後の明るい日本への起爆剤になるべき書き記した本です。たくさんの方々の当たり前基準向上のため、本書を周囲の方々に薦めていただければ有難いです。最後まで読んでいただき、ありがとうございます。感謝いたします。

遠藤友彦

【参考文献】

鍵山秀三郎「凡時徹底」 致知出版社

上甲　晃　「志を教える」 致知出版社

西田　文郎「ツキの大原則」 現代書林

清水　克衛「まず、人を喜ばせてみよう」 ゴマブックス

出路　雅明「ちょっとアホ！理論」 現代書林

野坂　礼子「人生を変える言葉、『ありがとう』」 PHP研究所

編集人 ―――― 斉藤和則

編集協力 ―――― 伊藤雅博・舟見恭子（Team2-3）

表紙写真 ―――― 池田直俊（コマーシャルスタジオ プラチナ）

装丁・本文デザイン ―――― HSデザイン部

遠藤友彦

Tomohiko Endou

1968年生まれ　北海道札幌市出身
有限会社ゴーアヘッドジャパン　代表取締役
ウガンダ国際交流実行委員会会長
通称：エントモ

駒大苫小牧高校野球部の甲子園大会全国制覇を陰で支えた分析官。優勝・優勝・準優勝に携わり、駒苫の知恵袋といわれる。甲子園大会では楽天で活躍中の田中将大投手への指導も行っていた。野球を多角的に捉え、弱者の戦いをもっとも得意とする。

現役時代は、社会人野球NTT北海道で捕手としてプレーをし、現役生活16年で3割4分1厘の打撃成績は、歴代4位の成績。平成17年にNTTを退職し、自ら起業。有限会社ゴーアヘッドジャパンを設立。北海道で初めてのスポーツ塾を立ち上げ、小学生・中学生対象の野球塾や、大人対象の指導者塾を実施。野球塾では技術指導だけじゃなく、「人としての心」も伝えている。自ら学ぶことも積極的に行い、経営の神様・松下幸之助イズムを学ぶ「青年塾」、メンタルトレーニングの神様・西田文郎先生の考えを学ぶ「西田塾」へ参加。

平成19年1月にアフリカウガンダと北海道の国際交流を自ら企画・実施。ウガンダ野球少年との交流から「当たり前基準」の大切さを知り、その普及に努める。

現在は年間100本以上の講演を北海道のみならず全国で実施し、反響を呼んでいる。スポーツはもちろんのこと、ビジネス関連の講演も多く、企業講演、社員研修、異業種講演、教育・学校関係、PTA、様々なジャンルで「やる気アップ」について語っている。「やる気アップの法則」「駒苫から学ぶ成功の秘訣」「当たり前基準で業績アップ」というテーマで講演。また、野球関係者向けに、平成16年より「エントモ野球講演」を毎年冬期に実施。小学生から大人までエントモ野球の真髄を学んでいる。

座右の銘は「心構えが変われば行動が変わる」

著書に「考える野球」（エイチエス）がある。

エントモ公式ホームページ

「遠藤友彦の熱血！野球塾」　http://www12.plala.or.jp/endou27/

【日本を救う!!当たり前基準】

初　刷 —— 二〇〇八年五月一日
第三刷 —— 二〇一〇年七月六日
著　者 —— 遠藤友彦
発行者 —— 斉藤隆幸
発行所 —— エイチエス株式会社　HS Co., LTD.
064-0822
札幌市中央区北2条西20丁目1・12 佐々木ビル
phone : 011.792.7130　fax : 011.613.3700
e-mail : info@hs-prj.jp　URL : www.hs-prj.jp
発売元 —— 株式会社無双舎
151-0051
東京都渋谷区千駄ヶ谷2・1・9 Barbizon71
phone : 03.6438.1856　fax : 03.6438.1859
http : //www.musosha.co.jp/
印刷・製本 —— シナノ書籍印刷株式会社
乱丁・落丁はお取替えします。

ISBN978-4-86408-914-2

好評既刊

ビジ髪

定価1,600円(税込)

ビジネスで成功する髪型の法則

著者／柳本哲也

ビジネスで成功したけりゃ髪を切れ！

街に溢れる「おしゃれ過ぎるビジネスマン達」に疑問を持った札幌の現役美容師が、仕事で成功するための髪型を研究し、働く男の髪型はどうするべきなのか?成功している人達の髪型とは?を具体的に検証し、示しました。その髪型を「ビジ髪」と命名。会社内で「すっきりしろ!」「短くしろ!」など曖昧になっているビジネスマンの髪型についてはっきりとした基準、定義を示しました。「ビジネスで成功したい人に」また「企業のガイドライン」として、とても役立つ1冊です。